투자의 세계로 들어오신 것을
환영합니다.
이 책으로 인해 여러분의 자산이
더 단단해지셨으면 좋겠습니다.

성투를 기원합니다.

박곰희 Gom7dee

한번 배워서 평생 써먹는

박곰희 투자법

한 번 배워서 평생 써먹는

박곰희 투자법

박곰희 지음

ℹNFLUENTIAL
인 플 루 엔 셜

투자의 기본이 되는 원칙과 방법을 다룸으로써 투자 초보자부터 전문가까지 누구에게나 많은 도움이 되리라 생각합니다. 자신만의 투자 철학을 만들기 위해서라면 꼭 한 번은 읽어야 할 책입니다.

◆ 신재영, 한국포스증권 대표이사

자산관리사로서 그동안 쌓아온 금융 지식과 투자 방향을 아낌없이 전달하는 책입니다. 초보 투자자부터 전문 투자자까지 모두를 아우르는 저자의 노하우가 책 속에 잘 녹아 있습니다. 금융의 높았던 벽을 한 번에 허무는 입문용 도서로 추천합니다. 저자가 현업에서 많은 고객들의 사랑을 받았던 만큼, 책도 사랑받을 것입니다. 이 책을 통해 더 많은 투자자가 멀리 내다보는 투자를 하길 바랍니다.

◆ 정영희, 미래에셋대우 PB전무

투자가 필수인 시대입니다. 그러나 초보의 눈높이로 투자를 안내하는 책은 드뭅니다. 편협하지 않게 다양한 투자의 방법을 두루 소개하며, 초보가 실수 없이 소화할 수 있도록 돕는 책입니다. 투자를 시작하고자 하는 초보에게, 이 책은 정말 좋은 출발점이 될 것입니다.

◆ 김동주(김단테), 이루다투자일임 대표, 《절대수익 투자법칙》 저자

때론 복잡한 시행착오의 끝에 아주 간단한 정답이 존재합니다. 투자의 세계에서도 비교적 명확한 답들이 존재한다는 것을 많은 사람들이 믿기 싫어합니다. 어쩐지 더 신비로운 일확천금의 길이 있을 것 같기에. 그래서, 그 답을 누가 설명해주는지가 중요합니다. 개인적으로 가장 좋아하는 투자 콘텐츠 채널 중 하나가 '박곰희TV'입니다. 담백하고 중립적인 설명 속에 많은 연구의 결과물이 있습니다. 가장 필요한 정보를 매우 정확하게 전달하고 있습니다. 《박곰희 투자법》역시 자산배분이라는 중요한 주제를 통찰하고 실천할 수 있게 돕고 있는 책입니다. 많은 투자자들에게 큰 도움이 되리라 생각합니다.

◆ 천영록, 두물머리투자자문 대표, 《부의 확장》 저자

금융회사에서 투자를 쉽게 설명하려는 시도가 꾸준히 있었습니다. 그러나 내용과 재미 측면에서 성공 사례를 찾아보기 어렵습니다. '박곰희TV'는 쉽습니다. 그러나 시간을 할애하여 볼 만큼 충분한 가치가 있습니다. 그동안 고객 상담뿐만 아니라 금융상품 판매자들을 교육하면서 쌓은 연구와 경험의 결과물이기 때문입니다. 《박곰희 투자법》역시 중요하지만 간과하기 쉬운 자산배분이라는 주제를 이론과 실전을 섞어 소화하기 쉽게 설명하였습니다. '내 돈은 내 손으로' 관리하고자 하는 분들의 성투를 위한 기본서이자 필독서로서 추천합니다.

◆ 송상윤, 삼성자산운용 디지털마케팅팀 팀장

프롤로그

꾸준히 수익 내며 탄탄한 자산을 만드는 기적의 투자법

A와 B는 30대 직장인으로 두 사람 모두 투자를 시작한 지 10년이 되었습니다. 두 사람은 투자금과 투자 형태에서 다음과 같은 차이를 보입니다.

여러분은 A와 B 중 어느 쪽에 가까운가요? 현재 주식투자를 하고 있다면 제 생각에 A와 같은 방식으로 투자하는 분들이 많을 겁니다.

사실 A는 제 친구입니다. A는 투자전문가라고 해도 될 만큼 투자에 대한 지식과 정보가 상당하지만, 10년 투자하는 동안 마이너스 수익률을 기록한 적이 많습니다. 그럼에도 여전히 공격적인 투자를 하고 있습니다. A는 저를 만날 때마다 늘 비슷한 질문을 합니다.

"정부에서 발표하는 정책 수혜주 〇〇〇를 샀는데 괜찮을까?"
"〇〇제약이 임상 성공할 가능성이 높다는데 이번에 살까?"
"유가가 하락한다기에 레버리지 ETF 샀는데 언제 팔까?"

A와 같은 형태는 개인투자자들이 가장 많이 하는 대표적인 투자 모습입니다. 급등주, 테마주, 타이밍을 활용한 단타매매가 대표적이죠. 이런 투자는 대박이 목표입니다. 누군가 수백 퍼센트 수익률을 기록했다는 이야기들 말입니다.

생각해봅시다. 여러분이 수백 퍼센트 수익률의 주인공이 될 확률은 얼마나 될까요? 아마 1%도 안 되지 않을까요? 우리는 모두 1%의 꿈을 안고 주식을 시작하지만, 현실은 99%에 머무르게 됩니다. 다 잃

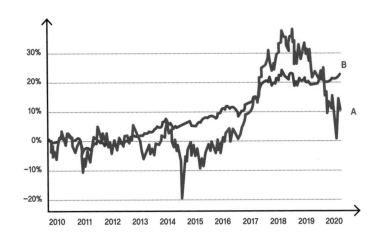

■ A와 B의 10년 누적 투자 수익률 차트 ■

거나 조금 잃거나 혹은 조금 따거나 현상 유지에 머무를 뿐이죠.

반면, B는 제가 증권사에 다닐 때 만났던 고객입니다. 그는 한 번쯤 들어본 적 있는 중견기업에 취직한 평범한 젊은 친구였습니다. 첫 월급을 받으면서 증권사를 찾았는데, 본인의 인생 계획이 분명했죠. 많지 않은 월급에서 투자할 수 있는 금액을 뽑아 어떻게 굴려야 할지 문의하더군요. 개별종목부터 들이미는 대부분의 고객과는 달랐습니다. B는 직장 일과 주식투자라는 두 마리 토끼를 한꺼번에 잡기는 힘들 테니 매일 주식차트를 들여다보지 말고, 열심히 직장생활하면서 자산 배분 투자를 하라는 제 조언에 귀를 기울였습니다.

둘의 누적 투자 수익률은 앞의 그림과 같습니다. 토끼와 거북이의 경주가 생각나지 않으시나요?

개별종목 투자 Vs. 자산배분 투자

진짜 목돈을 버는 투자를 하고 있는 사람은 A가 아닌 B입니다. 제가 주식투자를 처음 시작하는 분들에게 하는 말이 있습니다.

"주식으로 200억, 300억 벌 수 없습니다. 만약 그런 사람이 있더라도 우리는 아닐 거예요."

주식투자를 이미 하고 계신 분들이라면 제 말에 대부분 공감하실 겁니다. 잠깐 큰돈을 벌지는 몰라도 수익률이 유지되지는 않으니까요. 투자를 경험한 적 없는 사람이나 초보자들이 TV나 인터넷에서 쏟아내는 장밋빛 환상에 취할 뿐이죠. 하지만 또 저는 말합니다.

"진짜 큰돈을 벌고 싶으면 자산배분 투자를 해야 합니다."

조금 전까지 주식으로 큰돈을 벌 수 없다고 해놓고, 왜 딴소리냐고요? 개별종목에 '몰빵'하는 것이 아닌, 자산배분 투자라는 마술이 있기 때문입니다.

자산배분 투자자는 최전선에 뛰어들지 않습니다. 하루 종일 피 말리는 판에 앉아 있을 필요도 없습니다. 자기 본업을 하면서 정해둔 때에 투자 비율을 맞추고, 여유 자금이 생길 때마다 적절히 나눠 분산투자를 하면 됩니다. 절대 잃을 일도 없습니다. 한쪽이 잃어도 다양한 곳에 투자를 해놨기 때문에 폭락장이 와도 큰 타격을 받지 않죠. 한순간의 대박은 없지만, 티끌 모아 태산을 만들 수 있습니다.

그렇다고 개별종목 투자를 하지 말라는 뜻은 절대 아닙니다. 자산배분과 개별종목 둘 다 필요한 것이 사실이니까요. 하지만 지금까지 99%의 사람들이 개별종목에만 투자했다면 이제는 투 트랙의 투자 방식을 가지고 가야 한다는 것을 말하고 싶습니다. 단, 개별종목 투자는 이미 수많은 이들과 책들이 언급하고 있기에 이 책에서 따로 언급하지 않는 것뿐입니다.

그렇다면 저는 왜 이렇게 자산배분을 강조하는 걸까요?

춤꾼에서 증권맨으로

저는 이십 대 중반까지 춤에 미쳐 살았습니다. 밥을 굶어도 돈이 없어도 크루에서 친구들과 함께 춤추는 게 세상에서 가장 신나고 재미있었습니다. 춤에 관련된 백댄서, 안무가, 기획사의 트레이너 같은 직업으로 밥벌이를 하고 싶어서 호기롭게 상경했지만, 현실은 쉽지 않았습니다. 춤은커녕 끝없이 알바를 해도 삼시 세끼를 챙겨 먹기 어려웠습니다. 결국 좌절하고 춤을 포기했지만 곧 털고 일어났습니다. 맘껏 춤을 췄기에 아쉬움이 크지는 않더라고요.

춤꾼이 증권맨이 된 것은 우연한 계기 때문이었습니다. 증권사 건물에서 아르바이트하게 됐는데, 자본주의 사회의 첨병들을 보니 꽤 멋있더군요. 나와 다를 것도 없어 보이는데, 하루에 수십, 수백억 원을 다룬다는 게 무척 매력적이었습니다. 평범한 삶이 아니라 영화처럼 스릴 있는 삶 같았죠. 저도 그들처럼 살아보고 싶다고 생각했습니다.

26살의 늦은 나이로 대학에 입학했습니다. 남들보다 늦었던 만큼 더 열심히 공부했고, 덕분에 졸업 후 우리나라 1위 증권사의 PB(프라이빗 뱅커, 자산관리사)로 입사할 수 있었습니다. 제가 아르바이트하며 꿈을 키웠던 바로 그 건물의 증권사였죠.

입사 후에도 몇 년을 죽어라 공부하며 열심히 일했습니다. 그러자 정점을 찍게 되더군요. 자산 유치, 수익, 연금 유치 등 여러 지표 중에 한 항목에서 1등을 한 것이 아니라 종합 1등을 기록했습니다. 상도 여러 차례 받았고, 깜짝 놀랄 만큼 고액의 연봉도 수령했습니다. 살면서 한 번 만나볼까 싶은 고액 자산가들이 많은 강남지점이라는 이점도 분명 있었지만, 노력하지 않았다면 절대 이룰 수 없는 일이었죠.

그렇게 꿈을 이룬 듯했지만, 마음 한편은 늘 허전했습니다. 제가 강남 한복판에서 몸소 경험하는 투자 트렌드와 투자 철학은 모두 자산가들을 위한 것일 뿐이었습니다. 제가 하는 일은 '자산가들의 자산을 얼마나 잘 관리하느냐'에만 맞춰져 있었습니다. 자산가들은 자산 규모가 워낙 컸기 때문에 불확실한 시장 변화에도 안정적으로 운용할 수 있는 자산배분과 분산투자가 이루어지고 있었고, 시장의 등락 속에서도 자산은 안정적으로 불어났습니다.

반면, 제 주변 사람들은 달랐습니다. 제 가족이나 친구, 지인들은 여전히 물가상승률에도 미치지 못하는 은행의 예·적금만 하고 있거나, 그나마 주식투자를 해도 급등주나 관리종목에 단타 매매를 해서 있던 돈마저 잃기 일쑤였죠. 큰돈을 잃고 다시는 투자를 하지 않겠다는 분들도 많았습니다. 그만큼 안과 밖의 온도 차는 확연했습니다.

'자산가들은 자산배분으로 자산이 계속 불어나는데, 왜 내 주변사람들은 환상만 좇는 몰빵 투자만 계속할까?'

정보의 불균형과 투자 형태의 차이가 빈부 격차를 만들어낸다는 걸 뼈저리게 실감하는 날들이 계속되었습니다. 그럴수록 부자만 더 돈을 버는 구조에 은근히 화가 났습니다. 그래서 안정적으로 돈을 모을 수 있는 투자 방법인 자산배분 투자에 더 목을 매게 되었습니다. 제 주위를 비롯해 일반 투자자들이 더는 돈을 잃지 않을 방법을 고민하게 된 것이죠.

그 후 본격적으로 고액자산가가 아닌 소액투자자를 중심으로 고객관리를 시작했습니다. 그리고 세일즈보다는 고객들에게 '올바른 투자방법'을 알려주는 일에 주력했습니다. 소액투자자들 사이에서 입소문이 퍼져서 물밀듯이 고객들이 몰려왔고, 눈 떠서 잠들 때까지 쉴 틈 없이 일하면서도 어느 때보다 보람을 느꼈습니다.

어느새 고객은 500명을 훌쩍 넘겼고, 더 이상 고객을 늘릴 수 없자, 제휴를 맺고 고객 관리를 할 보험설계사 100명을 모집하여 2,000여 명에 이르는 고객들을 더 관리할 수 있었습니다.

한 명의 고액자산가 대신 수십 명의 고객들을 관리하고 챙기는 것은 육체적으로 매우 힘든 일이었습니다. 그래도 제 상담을 통해 개별 종목에 몰빵하지 않고, 적절히 자산배분 투자를 진행해 돈을 잃지 않고 꾸준히 목돈을 마련하는 고객들을 보며 든든한 기분을 느꼈습니다. 고맙다고 감사 인사를 하는 제 또래, 제 형 같은 직장인들의 모습에 가슴이 뿌듯해지기도 했죠.

점차 사람들에게 '금융'을 알려주는 일에 매력을 느끼게 되었습니다. 이미 많은 고객들을 통해 그들의 수요와 가능성도 확인했고요. 좀 건방지다고 생각할 수도 있지만 'PB로서 이룰 수 있는 정점을 찍어보았으니, 이제 내가 하고 싶은 얘기, 하고 싶은 일을 하자'라는 생각이 들었습니다.

그렇게 퇴사한 저는 현업에서 공부하고 깨달은 자산배분 투자 기법을 어떻게 하면 더 많은 분들에게 알릴지 고민했습니다. 대형자산운용사와 투자자문사로 이직해 다양한 경험과 지식을 익혔고, 더 많은 고객들을 만났습니다.

그리고 유튜브 '박곰희TV'를 시작했습니다. 유튜브를 시작하며 다짐한 것이 있습니다. 반드시 이것만은 지키자고 말이죠.

"어그로를 끄는 채널이 되지 말자."
"주식을 잘 모르는 우리 엄마도 이해할 수 있게 설명하자."
"답을 주는 것이 아닌, 보기를 제시하자."

'박곰희TV'는 평범한 이들도 금융 지식을 쌓아 '내 돈은 내 손으로' 관리할 수 있게 하는 것을 목표로 만든 채널입니다. 처음에는 제 주고객층이었던 40대 구독자를 염두하고 영상을 제작했습니다. 하지만 20, 30대 층에서 더 많이 찾아주시더군요. 덕분에 이제는 '투자를 시작하는 사람들이 스스로 원칙과 방향성을 세우고 투자를 시작할 수 있게 돕는 채널'로 자리 잡고 있습니다. 구독자분들의 댓글을 보면서 저의 바람이 헛되지 않았음을 매일 느낍니다. 저는 앞으로도 '금융으로 세상을 이롭게' 하는 삶의 방식을 좇으려 합니다.

현명한 장기투자자가 되는 여정,
박곰희가 함께합니다!

이 책에는 자산관리사로서 그동안 수천 명의 고객들을 만나고, 그들의 자산을 직접 관리하면서 쌓아온 금융 지식과 자산배분 투자 방법이 담겨 있습니다. 투자 초보자라도 나이, 성별, 소득, 직업에 관계없이 누구나 읽을 수 있고, 앞으로 30년 이상 안정적인 투자를 할 수 있도록 구성했습니다. 투자를 시작하는 사람들이 두려워하는 투자의 오해와 진실부터 자산배분 투자를 해야 하는 이유와 그 방법까지 총망라하였습니다. 자산배분의 5단계를 따라가다 보면 누구나 탄탄한 나만의 포트폴리오를 구성할 수 있을 것입니다.

포트폴리오가 잘 만들어진 것인지 과거의 데이터로 테스트할 수 있는 백테스팅과 포트폴리오의 비율을 정기적으로 조정하는 리밸런싱에 대한 내용도 담았습니다. 실전에서 따라 할 수 있는 포트폴리오를 담아 자산배분 투자의 전 과정을 한눈에 볼 수 있게 하였습니다. 투자라는 항해를 하기 위해 바다로 떠나기 전 육지에서 준비할 수 있는 많은 것을 전해주는 책으로 생각되었으면 좋겠습니다.

투자에 있어 정답은 없지만 오답은 있습니다. 부디 나의 자산을 자식처럼 잘 키워서 여러분들의 삶과 노후가 윤택해졌으면 좋겠습니다. 더불어 이 책을 봉해 노후까지도 계속 즐길 수 있는 투자의 재미를 알게 되면 좋겠습니다.

여러분의 성투를 기원합니다.

2020년 12월
박곰희 (박동호)

차 례

한 번 배워서 평생 써먹는 투자의 기초

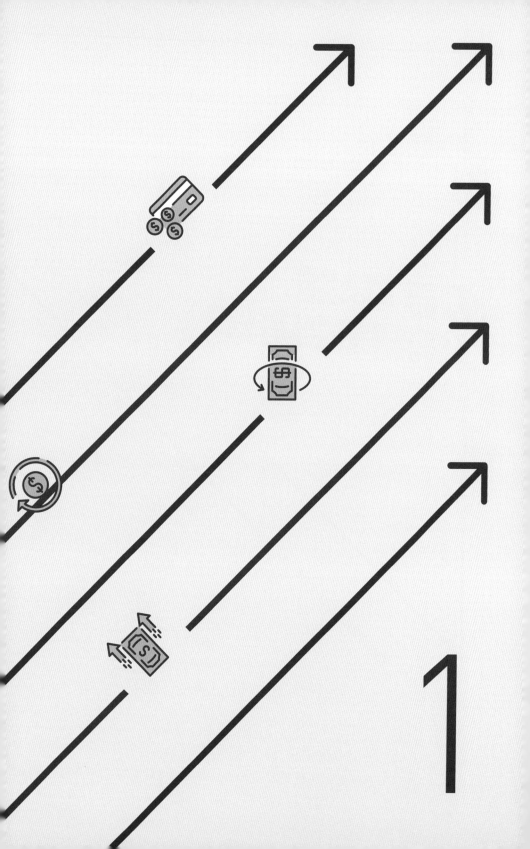

chapter 1

지금 주식을
시작해도 될까요?

한 번 배워서 평생 써먹는 투자의 기초

웬만한 회사 건물의 후미진 흡연 부스 아침 풍경은 거의 비슷비슷합니다.

"나 몇 프로 먹고 나왔어."

"나 오늘 ○○에 질렸어."

삼삼오오 모여 나누는 대화의 주제는 대부분이 주식 이야기입니다. 오전 9시 거래소 개장에 맞춰 화장실은 만원이고, 얼굴은 붉고 푸르게 물들어 갑니다. 물론 어제오늘의 풍경은 아니지만, 최근 그 정도가 훨씬 더 심해진 것만은 틀림없습니다. 실제로 주식시장의 신규 유입률이 가파르게 치솟고 있는 중이죠.

그만큼 현재 대한민국 20~40대 직장인의 화두는 단연코 '내 집 마련'과 '주식'입니다. 영혼까지 끌어모은 대출로 내 집인지 은행 집인지 모를 집 한 채라도 마련하고자 고군분투 중입니다. 코로나19 사태로 글로벌 폭탄을 맞은 주식시장이지만, 오히려 시장 하락이 장기적 관점에서 '저가 매수의 기회'로 인식되며 동학개미, 서학개미 같은 신조어가 등장할 정도로 주식투자 열풍이 불고 있습니다.

제 주위도 마찬가지입니다. 함께 춤을 추던 후배들과 만난 자리에서도 주식투자 얘기가 어김없이 나왔습니다.

"형, 지금 주식 들어가기에 너무 늦은 건 아닐까?"

한 후배가 물었습니다. 제 대답은 한결같습니다.

"이왕 투자할 마음이 있으면 빠를수록 좋아. 그러니까 한번 해봐."

투자의 필요성을 느낀다면
지금이 적기다!

투자에 따로 정해진 적기는 없습니다. 투자의 필요성을 느꼈다면 그때가 적기입니다. 이왕 하려고 마음먹었다면 빠를수록 좋습니다. 단, 필요성을 느끼지 않음에도 '남들이 하니까'라는 단순한 이유로 따라 하는 것은 바람직하지 않습니다.

후배는 30대 초반으로 평범한 회사의 영업사원으로 재직 중이었습니다. 많지 않은 금액이지만 매달 통장에 꼬박꼬박 들어오는 고정 수입이 있고, 아직 미혼이라 투자를 고민할 여유가 있는 상황이었죠.

알다시피 과거에는 높은 금리로 인해 은행의 예·적금만으로도 목돈 마련이 가능한 때도 있었지만, 지금의 0.5%(2020년 9월 기준)의 금리

현실 앞에서 예·적금으로 돈을 모으는 것은 거의 불가능합니다. 주식투자를 하지 않더라도 보통은 연 3~5%의 수익률을 기대하는데, 시중금리로는 그 기대를 맞추는 게 불가능합니다. 그렇다고 부동산투자를 하기에는 목돈이 없고, 결국 주식투자밖에 답이 없다는 결론에 이른 것입니다. 또래 중에는 그나마 늦게 주식시장에 뛰어든 케이스였던 후배 역시 처음 주식투자를 하는 이들이 공히 마주하는 불안감을 토로했습니다.

"그런데 너도나도 뛰어드는 판은 끝물이라며? 지금 괜히 따라 들어갔다가 물리면 어떡하지?"

그러면서 결국 속내를 내비칩니다.

"형이 좋은 종목 있으면 추천 좀 해줘."

이 얘기를 하고 싶어서 뜸을 들인 것이죠. 당연히 짐작하고 있었습니다.

재무제표, 대차대조표 몰라도 투자가 가능하다고?

전직 PB이자 경제 콘텐츠를 제작하고 있으니 상한가 종목 하나 못 찍어주겠나 싶은 마음이었겠죠. 하지만 제가 어떤 종목이 오를지 어떻게 알겠습니까. 안다고 하면 여러 매체에서 황당무계한 상승장 예측을 남발하며 물을 흐리는 이들과 다를 바 없을 겁니다.

"내가 그걸 어떻게 알아? 알면 나부터 들어갔지."

후배의 얼굴에는 못 믿겠다는 빛이 역력했습니다. 그러건 말건 저는 대신 처음 주식의 세계에 발을 내디디려는 후배를 위해 제 나름의 최선의 방법을 알려주고 싶었습니다.

"너 회사 일 하면서 집에서 주식 공부할 시간 따로 있어? 재무제표, 대차대조표는 볼 줄은 알아? 기업 열람은 볼 시간 있어?"

"그럴 시간이 어디 있어? 종목 추천하는 곳도 많잖아. 소식지도 많고."

후배가 애써 변명했지만, 후배 말도 틀린 것은 아니었습니다. 실제로 많은 사람들이 이렇게 아무 준비 없이 주식투자를 하고 있으니까요. 주식으로 돈 좀 벌었다는 친구나 아는 형, 직장 동료가 너만 알고 있으라며 말해주는 소스에 무턱대고 목돈을 투자합니다. 지금도 수많은 분들이 하다못해 그 기업이 어느 구석에 있는지도 모른 채 소문 하나 덜렁 믿고 피 같은 돈을 투자하고요. 한마디로 묻지 마 투자가 횡행하고 있는 것이죠. 이러니 처음 주식투자를 생각하는 이들에게는 위험성부터 제대로 알리는 게 우선입니다.

"주식투자한다면서 그것도 안 보려고? 너 거래처 영업하면서 간이고 쓸개고 다 빼준다면서? 그렇게 힘들게 번 돈 그냥 버리려고?"

물론 후배라고 주식투자의 위험성을 모르진 않겠지만 주위 동료 누구는 주식으로 얼마를 벌었다는 소리에 자기만 뒤처지는 것 같았을 겁니다. 가만히 있으면 안 될 것 같고, 서울에서 직장인이 집 한 채 장만하려면 월급 한 푼 안 쓰고도 수십 년이 걸리는 현실에 죽을 맛이겠죠. 기대했던 반응이 아니었기 때문인지 주식 얘기를 접으려던 후배에게 본론을 꺼냈습니다.

"너처럼 주식 잘 몰라도 투자할 방법은 있어. 혹시 자산배분 투자라고 들어봤어?"

"자산배분 투자? 그거 돈 많은 부자들이 부동산, 주식 같은 데 나눠서 투자하는 거 아냐? 그럴 돈이 어디 있어?"

후배의 답에 웃고 말았습니다.

"너는 후배라는 녀석이 형이 하는 유튜브 제대로 보지도 않냐? 너 같은 투자자들 돈 버리는 게 안타까워서 자산배분 투자 좀 제발 하라고 만든 유튜브잖아."

자산배분 투자는 총 투자 금액을 100으로 치면, 채권에 60, 주식에 40을 나눠 담거나 원자재, ETF, ELS 등의 다양한 상품에 투자금을 분산하고, 나머지 금액으로 개별종목에 직접투자하는 방식을 말합니다. 간단히 말해 달걀을 한 바구니에 담지 않는 것입니다. 개별종목 투자를 반대하는 게 아니라, 우리나라 투자자들의 '종특'이라고 할 만한 '몰빵'의 위험성을 낮추는 지극히 합리적인 투자 방식입니다.

자산배분 투자는 이미 서구에서는 수백 년 전부터 일찌감치 이론적으로 완벽히 정리된 투자 방식입니다. 절대 지지 않는 투자전략으로, 실제로 연기금이나 펀드는 무조건 자산배분 투자를 하고 있습니다. 워낙 거액이기에 한곳에 투자할 수는 없으니 어찌 보면 당연한 일이죠.

국부펀드나 기금의 자산배분 투자 누적 수익률은 수천 퍼센트에 달합니다. 그런데 이 수익률을 월로 나누면 불과 몇 프로밖에 되지 않습니다. 절대 깨지지 않는 투자이자 장기투자가 만들어낸 복리의 마술이라고 할 수 있죠. 우리는 이 엄청난 매력을 모르고 지나치고 있는 것입니다.

투자,
얼마부터 해야 하나요?

얼마 전까지만 해도 개별종목 투자자들은 대략 1,000~2,000만 원 정도의 금액으로 주식투자를 했습니다. 어느 정도의 목돈이 있어야 주식투자를 한 것이죠.

하지만 최근은 꽤 다른 양상을 보이고 있습니다. 상반기에 새로 개설된 증권계좌의 절반 이상이 20~30대의 것으로 연령이 낮아지면서 투자 금액도 낮아지는 추세입니다. 대학에 입학하면서 아르바이트를 시작해 틈틈이 모은 돈으로 주식투자를 시작한 대학 신입생들도 심심 찮게 보게 됩니다. 직장생활을 이제 막 시작한 사회 초년생들은 필수라고 할 수 있을 만큼 월급의 일정액을 주식에 투자하고 있고요.

이 책을 읽고 계신 여러분 중에서도 1,000~2,000만 원의 목돈으로 주식을 시작하는 분들은 그리 많지 않을 겁니다. 대부분이 몇백 정도의 금액이 아닐까 싶습니다. 부자들에게는 하룻밤 술값밖에 안 되는 금액일 수도 있지만, 우리에게는 몇 달을 열심히 일해서 모은 소중한 자산일 겁니다. 이렇게 소중한 내 자산으로 주식시장에 뛰어드니 다 잃을 수도 있다는 불안감에 떨다가도 결국에는 200~300% 수익률을 꿈꾸게 되는 것입니다.

제게 투자를 문의한 후배 역시 목돈을 투자할 계획은 아니었습니다. 투자하고 싶어도 투자할 목돈이 없다는 것이 팩트겠죠. 후배는 직장생활을 몇 년간 했지만, 할부로 차부터 구입한 탓에 마땅히 모아놓은 돈이 없었습니다. 이제 결혼할 나이가 되었는데 부모님이 집을 사줄 형편도 아니고, 이대로 앞날을 생각하니 막막해진 겁니다. 이 책을 읽고 계신 여러분은 어떻습니까?

결국 후배가 매달릴 것이라고는 월급뿐이었습니다. 그동안 무계획적으로 지출해 마이너스였던 월급 통장에서 어떻게든 소액이라도 마련해 주식투자를 하자 생각하게 된 것이죠. 그래서인지 자산배분 투자에 대해 이야기하니 후배가 이렇게 묻더군요.

"형, 나는 주식을 해도 얼마 못 하는데, 자산배분 투자는 불가능한 거 아냐?"

소액일수록 자산배분 투자가 정답이다

실제로 제가 자산배분 투자의 중요성에 대해 설명하면, 반드시 되돌아오는 질문입니다. 자산배분 투자는 목돈이 있어야 가능하다고 생각하는 것이죠. 현재 주식투자를 하고 계신 분들이 더 큰 오해를 하기도 합니다.

"나도 주식으로 돈 벌면 자산배분을 할 생각이 있지. 하지만 지금 주식 가진 게 쥐꼬리밖에 안 되는데 무슨 자산배분이야."

"에이, 돈을 빨리 벌고 싶은데 자산배분으로는 그렇게 못하잖아요. 언제 그걸 나누고 있어요?"

자산배분 투자를 고액 투자자, 펀드, 연기금, 오일머니 등의 거액을 다루는 개인, 단체만이 할 수 있는 고유 영역으로 아는 것입니다. 그러나 소액으로도 충분히 자산배분 투자가 가능합니다. 오히려 자산이 소액일 때 개별종목보다 자산배분 투자가 정답이라고 할 수 있죠.

예를 들어 여러분이 매달 10만 원을 주식시장에 투자한다고 생각해볼까요? 만약 개별종목에만 투자한다면 어떻게 될까요?

어떤 종목은 큰 수익률을 올리게 되겠죠. 하지만 반대로 마이너스 수익률을 기록하는 종목도 분명 생기게 됩니다. 소액이기에 대장주 구입은 망설여지고, 몇천 원, 몇백 원 하는 종목에서 대박을 노리며 투자하다 보면 결국 깡통이 되는 종목도 나올 겁니다. 그러다 보면 실질 수익률은 0에 수렴하는 일이 발생하지요.

반면, 매달 10만 원으로 자산배분 투자를 한다고 생각해봅시다. 소액을 나눠서 누구 코에 붙이냐고 반문하겠지만, 계속 굴리면서 장기적으로 투자한다면 놀라운 수익률을 볼 수 있게 됩니다. 왜냐하면 자산배분 투자는 단기간의 수익률은 높지 않지만, 장기간 굴릴 경우 '복리효과'라는 마법이 따라오기 때문입니다.

여러분 중에 마이너스 대출을 받아서 혹은 늙은 부모님께 손 벌리고 영혼까지 끌어모아 주식투자를 계획하는 분은 없을 거라고 생각합니다. 대부분 월급으로 미래를 계획하고 있을 겁니다. 그렇다면 달콤한 수익률의 환상에서 벗어나, 안정적인 투자를 해야 하는 것이 당연하지 않을까요? 얼마를 투자하는가는 아무런 의미가 없습니다. 중요한 것은 내 소중한 자산을 잃지 않고, 꾸준히 수익률을 내는 것입니다.

돈에 대한 개념부터
바로 세워라

.

주식투자를 고민하는 분들을 만나면 제가 꼭 당부하는 이야기가 있습니다. 특히 젊은 친구들을 만나면 강조하고 또 강조하는 부분인데요. 어떤 종목에 투자할지, 얼마를 투자할지 같은 세부적인 투자 계획을 세우기 전, 돈에 대한 생각부터 점검해야 한다는 것입니다. 돈에 대한 명확한 개념을 세우고 있는지 아닌지에 따라 이후의 실제 수익률은 물론 투자는 대하는 태도와 투자의 방향이 달라지기 때문입니다.

제가 증권사에 다닐 때, 고액 자산가들을 보면서 깜짝 놀란 것 중에 하나가 '돈에 대한 상상을 초월할 정도의 집착'입니다. 가진 사람이 더 하다는 말이 있는 것처럼 이들의 돈에 대한 집착은 상상을 초월했습니다.

하루는 주식 자산만 백억이 넘는 수백억 자산가가 수수료 몇천 원이 안 맞는다며 몇십 분 동안 항의하는 모습을 본 적도 있습니다. 나머지 투자 종목들은 다 올랐는데 한 종목이 몇백만 원 손실을 봤다고 자책에 자책을 하는 고액 투자자도 흔히 보았고요.

그들의 돈에 대한 변태적이라고까지 할 만한 집착이 처음에는 의아했습니다. 돈이 넘쳐나는 분들이 왜 그렇게 적은 금액에 연연하는지 이해하지 못했습니다. 하지만 오랜 시간 그들과 대화하고 조금이나마 알게 되면서 다른 점이 보이더군요.

'절대 잃지 않겠다는 강한 집착이 막대한 자산을 형성하게 된 진짜 이유구나. 이런 마음가짐으로 투자를 해야 하는구나!'

결국 돈을 버는 가장 확실한 방법

여러분의 돈에 대한 생각은 어떻습니까? 몇백만 원을 잃어도 괜찮다는 마음으로 도박장에 판돈을 걸듯 투자하고 있지는 않습니까? 돈을 잃게 되면 당연히 짜증이 나겠지만, 오를 때도 있을 거라고 머릿속에서 긍정 회로를 열심히 돌리고 있지는 않나요?

자산가들은 다릅니다. 그들은 투자할 때, 혹시 모를 부정적인 경우의 수를 염두에 두고 대비합니다. 기회를 찾는 만큼 위기도 살피는 것이죠. 그렇기에 절대 한 종목에 자산을 올인하지 않습니다. 리스크에 중점을 둔 투자를 하기에 절대 잃지 않는 것입니다.

이처럼 절대 돈을 잃지 않겠다는 자산가들의 투자 마인드를 겪으면서 저는 소액 투자자일수록 그들을 따라 해야 한다고 생각했습니다. 돈을 잃지 않기 위해 자산배분을 하는 것이 결국 돈을 버는 가장 확실한 방법임을 알게 된 것입니다.

지금 여러분은 주식에 어느 정도 투자하고 있습니까? 얼마의 금액을 투자할 생각인가요? 최근의 상승장에서 얼마만큼의 수익을 올렸나요? 꽤 높은 수익률을 올렸다면, 상승세가 지속될 거라 예상하나요?

하락과 상승은 언제나 반복됩니다. 영원한 하락장도 영원한 상승장도 없습니다. 투자 금액 역시 절대 중요하지 않습니다. 중요한 것은 많든 적든 소중한 내 자산이기에 절대 잃지 않겠다는 확고한 생각을 가져야 한다는 것입니다.

"이번에 잃었으니까 다음에는 오르겠지."

"지난번에 많이 벌었으니까 이번엔 조금 잃어도 상관없지."

이런 투자 마인드로는 절대 자산을 모을 수 없음을 명심해야 합니다.

원금 손실 걱정 없이
투자할 순 없나요?

주식투자를 망설이는 가장 큰 이유는 무엇일까요? 내가 힘들게 번 소중한 자산을 잃을지도 모른다는 불안감 때문입니다. 예·적금은 낮은 이율이어도 은행이 망하지 않는 한 원금 손실을 걱정할 필요가 없고, 부동산 또한 땅값이 떨어지는 일은 있어도 주식처럼 잘못하면 자산을 모두 잃을 위험은 적습니다. 그렇기에 주식시장에 진입하는 이들은 모두 똑같은 꿈을 꾸게 됩니다.

'원금 손실 없이 꾸준히 높은 수익을 볼 수 있는 방법은 없을까?'

하지만 아무리 돈을 잃지 않으려 노력해도, 결국 투자는 '손실이 생길 리스크를 감내하면서 높은 수익을 기대하는 것'이 본질이기 때문에 반드시 수업료를 지불해야 합니다. 내가 투자한 것이 손실이 났다고 해서 누가 나의 손실을 대신 메워주거나 슬퍼해주지 않습니다. 이익이 나도 내 것, 손실이 나도 내 것입니다. 따라서 손실이 났을 때 그걸 받아들일 마음의 준비가 되지 않았다면 절대 투자를 시작하면 안 됩니다.

그렇다면 투자를 하면서 원금 손실을 줄일 방법은 정녕 없는 걸까요?

주식투자는 빠르면 빠를수록 좋다

첫 번째 방법은 시기의 문제인데, 되도록 빨리 투자의 세계에 진출하는 것입니다. 투자는 빠르면 빠를수록 좋습니다. 시행착오를 일찍 겪을수록 적은 수업료로 나에게 맞는 투자 방법을 찾을 수 있기 때문입니다. 이른 나이에 투자를 시작할수록 그만큼 적은 금액으로 투자하기에 수업료도 적어진다는 뜻이죠.

그런 점에서 최근 대학생, 심지어 고등학생들도 주식투자를 하는 것에 대해 저는 부정적이지 않습니다. 유독 우리나라는 어린 나이에 돈에 밝으면 부정적으로 보는 경향이 강하지만, 전 세계의 금융을 지배하는 유대인들은 다릅니다. 이들은 13살에 치르는 성인식 행사인 '바르미츠바(Bar Mitzvah)'를 마치고 나면 본격적인 투자를 시작합니다.

히브리어로 '계명에 따라 사는 자녀'를 뜻하는 바르미츠바는 책임 있는 성인이 되었음을 선언하는 자리입니다. 결혼식처럼 일생에 가장 의미 있는 날 중 하나로 꼽히지요. 이날 가족을 비롯해 초대된 친인척과 지인들로부터 축의금을 받는데 그 총액수가 4,000~5,000천만 원에 이릅니다. 특히 부모는 이날 자녀들에게 축의금을 주기 위해 10년이 넘게 자금을 모으지요.

이렇게 축의금을 받은 13세의 유대 어린이들은 성인이 되어 사회에 진출할 때까지 직접 목돈을 투자하고 운용, 관리합니다. 인생의 종잣돈으로 사용하기 위함이죠. 어린 나이부터 스스로 자산을 관리하면서 복리효과의 힘, 장기투자의 필요성, 투자 감정을 조절하는 법을 익히는 것입니다. 일찍 접할수록 돈의 본질을 빨리 깨우치고, 시간의 복리효과를 잘 활용하게 되기 때문입니다.

일례로 세계 최고의 투자자 워런 버핏(Warren Buffett)이 장기투자와 복리의 마법에 대해 강조한 말들은 투자자라면 누구나 잘 알고 있는 이야기이죠. 나이가 어릴수록 일찍 돈에 대한 개념과 투자에 대한 감각을 익혀야 하는 것입니다.

그런데 우리나라는 어떻습니까? 아이들에게 목돈이 생기면 "엄마 아빠가 관리해줄 테니 너는 공부나 열심히 해"라고 말하며 돈을 빼앗기 바쁩니다. 조금 깨어 있는 부모님들도 목돈을 모아서 자녀의 사교육비나 결혼 자금에 쓸 뿐이죠. 당연히 우리 아이들의 미래와 유대인 아이의 미래는 다를 수밖에 없지 않을까요?

원금 손실의 값진 교훈을 자산배분 투자로!

두 번째 방법은 이 책에서 다룰 자산배분 투자입니다. 자산배분 투자야말로 원금을 잃지 않고 꾸준히 수익을 내는 투자 방법입니다.

주식투자를 고민하던 후배와 최근 다시 연락이 닿았습니다. 근황을 나누던 중 슬며시 투자 이야기를 꺼내더군요.

"첫 달에는 30%나 벌었어. ○○○을 샀는데…."

후배는 지난 몇 달간의 초보 주식투자기를 줄줄 읊었습니다. 후배 역시 '초심자의 행운'이라는 말처럼 첫 달에는 꽤 높은 수익률을 올렸던 모양입니다. 당연히 그만큼 기대감도 커졌고, 다음 달에는 원래 계획했던 투자금보다 훨씬 더 많은 돈을 주식을 사는 데 썼다고 했습니다. 월급만으로 부족해서 친형한테도 돈을 빌려 투자를 했다더군요. 그러고는 반토막이 나버린 것입니다.

후배는 영업 스트레스에 주식 스트레스까지 더해져 요즘 아주 죽을 맛이라고 하소연했습니다.

"나는 안 되겠어. 내 주위에 돈 벌었다는 사람들 다 거짓말인 것 같아. 아니, 천재인 것 같아. 아무튼 나는 힘들어서 종목 보는 건 도저히 못하겠어."

후배에게 축하의 말을 건넸습니다.

"축하해. 진짜 투자자가 됐구나."

"마이너스가 났다는데 무슨 축하야?"

"수업료 얼마 내지도 않고 정신 차렸으니까 축하할 일이지. 형 말대로 회사 일 하면서 주식 공부하는 거 진짜 어렵지?"

"맞아, 그래서 형이 지난번에 말한 자산배분 투자를 해볼 생각이거든. 형이 좀 도와줘."

후배는 그렇게 값싼(?) 수업료를 내고 자산배분 투자를 하기로 마음먹었습니다.

여러분은 어떠신가요? 오늘도 값비싼 수업료를 지불하며 수천 개의 주식 종목 속에서 급등할 종목을 찾아 헤매고 있지는 않으십니까? 수많은 기회와 위기 속에서 하루하루 허덕이고 있는 소액 투자자들을 볼 때면 안타까운 마음뿐입니다. 많고 적음을 떠나 힘겹게 번 소중한 돈을 잃지 않는 자산배분 투자를 꼭 해야 하는 이유입니다.

월급쟁이를 위한
효율적인 투자법은 없나요?

이 책을 쓰면서 이 책을 읽는 분들은 어떤 분들일까 즐거운 상상을 하곤 했습니다. 대학에 재학 중인 친구들도 있겠지만 대부분은 직장인이 아닐까 생각해봅니다. 1~2년 차 신입일 수도 있고, 대리나 과장급일 수도 있겠죠.

이렇게 나이는 천차만별이지만 공통점도 있을 것 같은데, 언젠가 서울이나 수도권에 내 집 마련을 꿈꾸는 이 땅의 평범한 2030세대가 아닐까 싶어요. 열심히 일하면서 어떻게든 월급에서 조금이라도 돈을 떼어 주식투자를 결심한 분들이 많을 것 같고요. 그래서인지 주식으로 대박을 좇는 것은 아예 생각도 하지 않는 분들일 것이라는 기대도

듭니다.

"대박은 바라지도 않고, 죽을 때까지 걱정 없이 보낼 노후 자금을 모을 수 있으면 좋겠어요."

미래를 위해 조금이라도 꾸준히 모으는 삶. 사랑하는 이와 결혼하고, 작지만 따듯한 내 집을 마련하고, 가능하면 자녀를 낳아 양육하는, 손주들에게 용돈도 주며 오순도순 노후를 보내고 싶은 소박한 삶. 그런 삶을 꿈꾸는 분들이지 않을까 싶습니다.

이처럼 '개미'라고 불리는, 주식시장에서 항상 이리 치이고 저리 치이며 돈을 잃는 소액 투자자 월급쟁이들에게는 그에 맞는 투자법이 꼭 필요합니다. 대박은 못 내더라도 소중한 돈을 절대 잃지 않고 자산으로 만드는 방법 말입니다.

자산배분은 월급쟁이를 위한 최적의 투자법

정리하면, 개별종목 투자는 수익에 주목하고, 자산배분 투자는 리스크를 배분하는 투자라고 할 수 있습니다. 과연 일정 기간 뒤의 수익률은 어느 쪽이 더 높을까요? 자신 있게 말하는데, 자산배분 투자가 훨씬 더 높습니다.

그럼에도 불구하고 제가 지금까지 만난 수많은 소액 투자자들의 99%는 오로지 개별종목에만 투자합니다. 단 1%만 자산배분 투자로 첫 투자를 시작하죠. 당연히 많은 분들이 아주 값비싼 수업료를 지불합니다.

물론 월급쟁이 중에서도 대박을 터트리는 이들이 분명 있습니다. 독특한 자기만의 투자법으로 엄청난 수익률을 기록한 젊은 투자자가 기억나네요. 제가 증권사에 입사한 지 얼마 되지 않은 신입 시절, 꽤 수준 있게 주식 공부를 하고 증권사를 찾아온 친구가 있었습니다. 신기하게도 그 친구는 개별종목에 투자하는 것은 회사 일 때문에 부담이 된다며 처음부터 ELS 상품에만 투자했습니다.

당시는 예금이 2%대, 증권사 특판 상품이 4%대였는데, ELS는 8~10%대였습니다. ELS가 일주일에 20~30개가 발행되는데, 우리나라 투자자들은 끓어오르는 성격 때문인지 대부분 높은 수익을 좇지만, 이 친구는 안전한 상품에만 투자했습니다. 이렇게 투자 상품의 본질을 파악하고, 스스로의 입장을 명확히 해서 5~6년을 투자하니 놀라울 정도로 자산이 불어났습니다. 물론 몇천 개 중 한두 개는 큰 손실을 내는 ELS 특성상 여전히 매우 위험한 상품이라는 오명이 있습니다.

이와는 달리 대부분의 월급쟁이는 자기만의 투자 철학을 세우기가 정말 힘듭니다. 밥벌이의 고됨 속에서 주식까지 공부하기란 정말 쉽지 않은 일이죠. 결국 적게 굴려도 꾸준히 굴려서 결국에는 엄청나게 크기가 커지는 방법인, 자산배분 투자가 필요하다는 뜻입니다.

자산배분 투자를 결심한 후배를 위해 저는 그동안 투자자문을 하면서 갈고닦은 노하우를 적극 공유했습니다.

"우선 주식계좌를 두 개 만들어."

"두 개? 어떻게 나눠?"

"하나는 네가 결혼을 해도, 애를 낳아도, 집을 사야 해도, 그러니까 목돈 쓸 일이 생겨도 절대 깨서는 안 되는 계좌야. 필요할 때 필요한 만큼 조금씩 팔아도 되지만. 절대 다 팔지는 말아야 하는 계좌를 만드는 거지. 한마디로 너의 인생을 담는 정말 중요한 계좌야. 여기에 '자산배분 계좌'라고 이름을 붙여."

"그럼 나머지는?"

"나머지 하나는 '개별종목 계좌'라고 이름을 붙여. 거기서는 네 마음 껏 개별종목에 투자해도 돼. 수익이 나면 수익 실현도 하고, 맛있는 것도 사 먹고, 사고 싶은 것도 사. 중요한 것은 앞서 만들었던 '자산배분 계좌'를 깨지 않고 잘 지키는 거지. 우선 포트폴리오를 짜고, 투자 비율은…."

자산배분 투자의 세계에 첫 발걸음을 뗀 후배를 위해 어떻게 자산을 배분하는지 자세히 가르쳐주며, 후배처럼 조금이라도 싸게 수업료를 내고 자산배분 투자를 하는 분들이 늘어났으면 하는 바람을 가져 봅니다.

물론 투자에 정답은 없습니다. 어떤 전문가는 장기투자를 권하고, 어떤 전문가는 장기투자가 한국 실정에 전혀 맞지 않는다며 단기투자를 권유하기도 합니다. 어느 게 맞느냐고 물어보면 저는 둘 다 맞을 수도 있고 아닐 수도 있다고 말합니다. 정답이 없다는 뜻이죠. 급변하는 투자 시장에 정답이 있다고 말한다면, 그건 진짜 사기꾼의 말일 테니까요.

중요한 것은 투자를 시작할 때, 무조건 자산배분과 장기투자를 염두에 둬야 한다는 것입니다. 자산배분 투자는 시간이 지남에 따라 복리의 힘을 통해 꾸준히 안정적인 수익을 얻을 수 있습니다. 현명한 장기 투자자의 길을 선택한 여러분들에게 이 책이 널리 활용되기를 바랍니다.

chapter 2

투자를 시작하기 위한 최소한의 지식

한번배워서평생써먹는투자의기초

투자의 세계는 광범위합니다. 주식과 관련된 용어들도 복잡하고, 국내외 경제 동향도 시시각각 파악하고 있어야 할 것 같죠.

사실 투자 자체는 어렵지 않습니다. 투자하기 위해 계좌를 만드는 것은 은행에서 계좌를 만드는 것과 비슷하고, 투자 상품을 사는 것도 원하는 종목을 선택한 뒤 금액과 수량을 입력하면 끝나는 간단한 절차입니다.

하지만 많은 분들이 '섣불리 투자했다가 가지고 있는 돈마저 잃지는 않을까?' 하는 두려움에 시작조차 못하고 있습니다. 그런가 하면, 각종 금융사고나 투자 사기 사건이 언론에 보도되고, 낯선 증권 용어들 때문에 지레 겁을 먹기도 합니다. 마음먹고 증권사를 방문하더라도 은행과는 다른 낯선 분위기와 이해하기 어려운 상품들을 추천하는 통에 결국 자리를 뜨고 말죠.

하지만 어렵게 느껴지는 용어나 내용도 '꼭 알아야 할 것'과 '몰라도 괜찮은 것' 혹은 '나중에 알아도 되는 것'으로 나누어 구분한다면 주식시장을 모두 이해하지 않더라도 투자를 시작할 수 있습니다.

이 챕터에서는 처음 투자를 시작하는 분들이 꼭 알아야 하는 '투자의 기본'에 대해서 알려드리겠습니다. 투자 지식과 투자 마인드에 관한 것이지요. 이제 막 투자를 시작하는 분들을 위한 내용이지만, 이미 투자하고 있는 분들도 찬찬히 읽어가며 정리해보면 좋겠습니다. 주식투자에만 익숙한 분들은 미처 몰랐거나 새롭게 깨닫는 내용이 있을 것입니다.

하나씩 살펴보고 이해하다 보면 우리가 투자에 대해 품었던 오해나 편견이 해소되고, 생각보다 투자가 간단하고 재미있게 느껴지는 경험을 하게 될 것입니다.

금융기관,
투자자의 눈으로 바라보라

　금융기관에는 여러 종류가 있고, 각각의 금융기관이 어떤 업무를 하는지 우리는 대략 알고 있습니다. 하지만 실제로는 어떤가요? 많은 사람들이 은행에서 예·적금하고, 은행에서 대출받고, 은행에서 보험 들고, 은행에서 펀드도 합니다. 한곳에서 모든 것을 해결하는 것이 편리해보이지만, 현명한 투자자라면 지양해야 합니다.

　금융기관마다 고유한 역할이 있기 때문에, 각 역할에 맞게 활용해야 합니다. 정형외과에서 여드름을 치료하지 않고, 치과에서 배탈 치료를 하지 않은 것과 같은 이치지요. 당연한 것 아니냐고요? 하지만 돈에 있어서는 많은 분들이 그러지 못하고 있는 것이 현실입니다. 투자자의 눈으로 바라보아야 할 금융기관의 종류와 역할을 알아볼까요?

먼저 금융기관은 은행, 증권사, 보험사라는 3개의 카테고리로 나누어집니다. 이들은 금융상품을 판매하는 일종의 유통사 역할을 합니다. 그런가 하면 자산운용사와 투자자문사처럼 상품을 만들고 운용하는 제조사 역할을 하는 곳도 있습니다. 금융서비스로 시작해 그 범위가 무한대로 확장하고 있는 핀테크 기업들도 있죠.

예전에는 금융기관마다 고유의 영역이 분명했습니다. 그런데 시간

■ 금융기관의 종류와 역할 ■

이 갈수록 벽이 허물어지고 있죠. 이런 변화의 가장 큰 이유는 '저금리'에 있습니다. 은행이 고객들이 원하는 예·적금의 금리를 맞출 수 없게 되자, 은행 창구에서는 예·적금 대신 계열사들의 보험과 투자 상품을 판매하기 시작했습니다. 보험사도 마찬가지입니다. '공시이율'과 '최저보증이율'이 매우 낮아지면서 보험료 가운데 일부를 주식이나 채권에 투자하는 '변액보험'의 비중을 늘렸습니다. 시중금리가 낮아지면서 대부분의 상품은 수익률이 낮아졌지만, 주식투자는 유일하게 기대수익률이 변하지 않았기 때문에 오히려 더 부각되고 있는 것입니다.

예를 들어, 요즘은 은행에서 보험을 팔고 보험사에서는 펀드를 팝니다. 그런가 하면, 증권사에서도 예·적금 같은 상품이 있습니다. 이렇게 금융기관의 벽이 많이 허물어졌다고 해도 각 기관은 고유의 영역을 가장 잘합니다. 친숙하다는 이유로 은행에서 보험을 가입하지 말고, 해당 기관에서는 그 기관의 전문적인 영역만 활용하는 것이 좋습니다. 그럼 각각의 역할에 대해 조금 더 자세히 알아볼까요?

은행
'주력 분야는 대출이다'

투자를 전혀 안 하는 분들도 은행에 통장 하나씩은 개설했을 만큼 은행은 금융기관 중 규모가 가장 큽니다. 우리나라는 은행이 중심인 금융 시스템이라서 다른 금융권보다 은행 이용 고객의 비중이 압도적으로 높습니다.

지점이 생활권 가까이에 있어서 이용이 편리하지만, 은행은 어디까지나 대출받는 곳이라는 점을 명심해야 합니다. 대출을 받는다면 무조건 은행에 가는 것이 유리합니다. 은행은 가장 낮은 금리로 대출을 해주는 곳이기 때문이죠.

하지만 은행에서 펀드나 보험을 하면 어떨까요? 예·적금과 같이한다고 해서 펀드나 보험의 수수료가 낮아지거나 관리가 더 잘되는 것은 아닙니다. 투자형 상품이 은행의 주력 분야가 아니기 때문에 상품에 대한 자세한 설명을 듣기도 어렵습니다.

특히 펀드의 경우, 동일한 펀드라 할지라도 은행 창구에서 매수하는 것이 온라인으로 하는 것보다 높은 판매 비용을 지불합니다. 창구에서 은행 직원이 추천하는 상품과 온라인상에서 볼 수 있는 추천 상품이 거의 동일한데도 말이죠. 검색해서 비교한다면 수수료가 저렴한 온라인으로 하는 것이 당연하겠지만, 여전히 펀드 거래의 상당 비중이 은행 창구에서 이뤄지고 있습니다.

결론은 은행은 대출받는 곳이라는 겁니다. 대출받을 때, 금융상품을 몇 개 들어달라고 하면 그것만 하세요. 대신 상품에 대한 판단은 스스로 잘 따져보아야 합니다.

증권사

'가장 안전한 것부터 가장 위험한 것까지'

증권사는 증권시장과 투자자 사이에서 주식과 채권 등 유가증권 매매를 중개하는 곳입니다. 쉽게 말해 투자 상품을 판매하는 곳이죠.

어떤 분들은 증권사를 떠올리면 '돈이 많아야 대접받는 곳'이라고 생각하고, 어떤 분들은 '괜히 안 해도 될 투자를 하게 해서 돈을 잃게 만드는 곳'이라고 생각합니다. 하지만 증권사는 '좋다' '안 좋다'로 딱 잘라 말할 수가 없습니다. 증권사는 우리나라에서 가장 안전한 상품부터 가장 위험한 상품까지 모두 다루고 있기 때문입니다. 은행 예금보다 안전한 대한민국의 국채부터 가장 위험한 선물 옵션까지 증권사에서 다루고 있죠. 대표 증권사로는 미래에셋대우, NH투자증권, 한국투자증권, KB증권, 삼성증권 등이 있습니다.

보험사

'필요한 부분만 필요한 만큼 보장'

보험은 순수한 보험의 기능으로 접근하면 꼭 필요하고 유용합니다. 보험계약자의 노후나 사망, 질병, 사고 시 보험금 지급을 보장하기 때문입니다. 보험사는 보장하는 내용에 따라 생명보험, 손해보험, 화재보험 등으로 구분됩니다.

그런데 보험사에 대해서는 왜 안 좋은 인식이 많을까요? 보험은 기본적으로 '보장의 기능'과 '저축의 기능'이 있습니다. 보장 내용을 알아두고 필요한 부분을 보장받으면 좋습니다. 저축도 계획에 맞게 들어두면 좋고요. 그런데 일부 비양심적인 보험설계사들은 보장의 기능을 내세워서 저축형 상품을 판매합니다.

조금 더 설명하면, 고객이 원하는 부분을 보장하려면 월 10만 원짜리 보험으로도 충분한데도, 저축형 상품을 10만 원 더 붙여서 판매하는 것이죠. 이런 것들이 쌓이면 고객은 매달 필요 이상의 보험료를 내

 나의 금융기관 점검하기

내가 현재 가지고 있는 상품들이 은행, 증권사, 보험사로 명확하게 분리되어 있지 않다면 지금부터라도 정리가 필요합니다. 현업에서 고객들의 자산관리를 세팅할 때 제가 가장 처음 하는 일도 '금융기관 점검하기'였습니다. 별거 아닌 거 같아도 이렇게 제대로 구분되어 있는 사람들이 별로 없습니다. 이것만 잘 세팅해도 상당한 비용의 효율성을 끌어낼 수 있습니다.

1. 은행 : 집을 사거나 전세금을 충당하기 위해 은행의 대출을 받아서 원리금을 적정 수준으로 갚는다.

2. 증권사 : 여윳돈은 증권사의 CMA 계좌에 넣어두고, 투자성 상품을 공부하여 매달 계획한 만큼 매수한다.

3. 보험사 : 보험은 소득 수준에 맞게 필요한 보장만 들어놓고, 장기적인 저축 계획은 보험을 통해 절대 깨지 않을 만큼만 소액으로 따로 세팅한다.

게 되고, 결국 부담이 되어 중도에 해지하고 맙니다. 손실은 고객의 몫이겠죠.

보험은 필요한 보장만 커버해서 효율적으로 구성하는 것이 좋습니다. 저축이 필요하다면 저축형 상품을 따로 들면 되고요. 부담이 적은 수준으로 해야 중간에 깨지 않고 만기까지 가져갈 수 있습니다.

자산운용사
'펀드를 생산하는 곳'

자, 마트에서 라면 살 때를 떠올려볼까요? 라면을 만드는 회사는 농심, 오뚜기, 삼양, 팔도와 같은 '제조사'이고, 라면을 파는 회사는 롯데마트, 이마트, CU와 같은 '유통사'입니다. 펀드도 마찬가지입니다. 펀드를 만드는 제조사의 역할을 '자산운용사'가 하고, 펀드를 판매하는 유통사의 역할을 '증권사나 은행'이 합니다.

자산운용사에는 삼성자산운용, 미래에셋자산운용, KB자산운용, 한국투신운용, 한화자산운용과 같은 회사들이 있습니다. 규모가 큰 자산운용사는 보통 증권사와 같은 대기업 계열사에 있지만, 엄밀히 다른 역할을 합니다.

자산운용사는 알려드린 것 외에도 종류가 매우 많습니다. 우리에게 이름이 생소한 곳들은 소수의 투자금을 모아서 운용하는 사모펀드◆

를 하는 곳입니다. 사모펀드는 최소 투자금이 1억 원 이상이기 때문에 일반인은 보통 투자할 일이 없죠. 지금은 사모펀드의 규모가 공모펀드보다 더 커져서 사모펀드 쪽으로 더 많은 관심이 쏠리고 있지만, 이 책을 보는 독자분들은 사모펀드보다는 증권사 앱에서 언제든 볼 수 있는 공모펀드◆◆를 중심으로 생각하는 것이 좋습니다.

투자자문사
'어떤 상품에 투자할지 고민이라면'

투자자문사는 자산운용사처럼 투자자들의 자산을 모아 운용하는 것이 아니라, '어떤 상품에 투자하면 좋을지 자문만 하는 곳'입니다. 자문사는 고객의 투자금을 직접 운용하는 것이 아니기 때문에 내 계좌에 주문을 낼 권한이 없습니다. 투자자문사에서는 일정한 자문료를 내면 현시점에 유리한 '추천 포트폴리오'를 고객에게 제공합니다.

자문받은 내용에 대한 투자 결정은 온전히 자문을 의뢰한 고객의

◆ 　사모펀드 : 49인 이하, 1억 원 이상을 가진 소수의 투자자로부터 모은 자금을 운용하는 펀드. 비공개로 투자자를 모집하여 자산 가치가 저평가된 기업에 투자해 기업 가치를 높이고 주식을 되파는 것. 공모펀드보다 제약이 없고, 금융기관의 감시가 적은 만큼 위험성이 높다.

◆◆ 　공모펀드 : 50인 이상 불특정 다수의 투자자를 대상으로 자금을 모으고 그 자금을 운용하는 펀드. 주로 개인투자자들을 대상으로 자금을 모은다. 불특정 다수를 대상으로 하므로 펀드 운용에 있어 엄격한 규제가 적용된다.

몫입니다. 고객 입장에서는 투자자문사에 자문료만 지불하고, 내 돈
은 스스로 관리하기 때문에 상대적으로 저렴하게 자산을 관리할 수
있습니다. 현재는 IT기술을 융합하여 낮은 자문료로도 자문을 제공하
는 곳(불릴레오, 에임, 골든트리 등)들도 생겨나고 있습니다.

핀테크 기업
'확장하는 투자 시장'

카카오페이, 네이버페이, 토스, 뱅크샐러드 등 우리가 잘 아는 핀테
크 기업들도 투자 시장에 뛰어들고 있습니다. 금융서비스만을 제공하
던 핀테크 기업들은 P2P* 상품부터 시작해 증권투자의 영역으로 확
장하는 중이죠. 그동안 은행과 증권사가 최대한 많은 상품을 고객들
에게 보여주는 것이 목적이었다면, 핀테크 기업들은 다른 금융사들과
제휴하여 만든 별도의 금융상품을 독점적으로 출시하거나 좀 더 이해
하기 쉬운 상품을 선보여 고객들의 투자 접근성을 높이는 방향으로
나아가고 있습니다. 상품 선택의 폭은 제한적이지만, 접근성이 좋아
쉽게 증권투자를 가능하게 한다는 장점이 있습니다. 이런 핀테크 기
업들의 '투자 시장' 진출은 금융업계에서 기대감을 모으고 있습니다.

....

◆　　　P2P : 개인과 개인을 연결한다는 'Peer to Peer'의 줄임말로, 돈이 필요한 개인이나 프로젝트
　　　에 돈을 빌려주고 이자를 받는 대출형 크라우드 펀딩.

증권,
입맛대로 고르는 최적의 상품

은행의 세계에서 증권의 세계로 오게 되면 '증권'과 관련된 다양한 용어를 마주하게 됩니다. 초보 투자자들에게 증권이라는 개념은 낯설게 느껴질 수 있는데요. 우리는 실생활에서 이미 '증권'을 만나왔습니다. 증권은 '재산적인 가치가 있는 문서'를 뜻하기 때문에 화폐도 증권의 일종입니다. 이번에는 증권사를 통해서 앞으로 우리가 사 모으게 될 다양한 증권을 알려드리겠습니다.

먼저 증권시장에서 거래되는 유가증권◆에는 크게 주식과 채권이

─────────────────────────────

◆　　유가증권 : 화폐나 상품증권, 어음, 수표, 주식, 채권 등 재산권을 표시한 증서.

■ 주식과 채권의 차이 ■

주식	채권

기업의 지분
장기적인 영업활동에 따른
기업의 성장이 투자의 핵심이다.

원금 + 이자
채권 발행기관의 신뢰도가
투자의 핵심이다.

있습니다. 주식과 채권은 금융시장의 양대 산맥으로 불리며 둘 다 자금 조달을 목적으로 발행되지만, 전혀 다른 성격을 지닙니다.

주식이 기업의 지분을 사서 그 기업의 동업자가 되는 것이라면, 채권은 기업이 발행한 채무증서를 사서 약속된 원금과 이자를 받는 것입니다. 주식은 동업자의 개념이기 때문에 주식을 매수한 기업의 성장에 따라 내가 가진 주식의 가격도 비례합니다. 하지만 채권은 기업의 성장 여부와 관계없이 약속한 원금과 이자를 받습니다.

증권의 종류는 주식과 채권에 직접투자하는 것 외에, 누군가가 내 돈을 주식과 채권에 대신 투자해주는 간접투자 방식도 있습니다. 성격은 조금씩 다르지만, 펀드나 ETF, ELS 등이 있지요. 하나씩 자세히 알아볼까요?

주식

'기업의 성장이 투자의 핵심'

주식은 가장 대표적인 증권으로, '지분증권'의 줄임말입니다. 한 기업의 소유권인 지분을 잘게 쪼개서 주식이라는 이름으로 판매하고, 주식을 산 사람은 해당 기업의 주인인 주주가 될 수 있습니다.

기업의 입장에서는 주식을 발행하면 가용할 자금이 생겨서 좋고, 투자자들의 입장에서는 투자한 기업이 성장해서 소유권의 가치가 상승하면 더 높은 가격으로 주식을 매도해 수익을 추구할 수 있어 좋습니다. 주식은 상장 전까지는 비상장주식인 상태로 개인 간의 거래가 이루어지지만, 기업공개(IPO)를 통해 상장한 후에는 '한국거래소'라는 공식적인 주식시장을 통해 거래하게 됩니다. 주식시장에는 전통적인 대기업들이 주로 상장된 '코스피 시장'과 기술주 위주로 만들어진 '코스닥 시장'이 있지요.

우리나라에는 총 2,000개가 넘는 기업들이 상장되어 있어서 주식 계좌를 가지고 있는 사람은 누구나 손쉽게 원하는 기업의 주식을 매매할 수 있습니다. 또 동업자의 개념으로 회사의 경영에 참여하는 '보통주'와 경영에 참여하지는 못하지만 이익배당이나 잔여재산의 분배에서 우대 조치를 받는 '우선주'로 구분하여 선택할 수 있습니다.

최근에는 한국 시장을 넘어 미국, 중국, 유럽 등 해외에 있는 기업들의 주식도 손쉽게 살 수 있게 되면서 더욱 다양한 투자가 가능해졌습니다.

채권

'기업의 신뢰도가 투자의 핵심'

채권은 '채무증권'의 줄임말입니다. '채무'는 누군가가 돈을 빌리면서 이자와 함께 갚기로 한 약속입니다. 국가가 돈을 빌리면 '국채', 공기업이 돈을 빌리면 '공사채', 사기업이 돈을 빌리면 '회사채', 개인이 돈을 빌리면 '사채'라고 부르죠.

많은 종류의 채권이 있지만, 개인투자자가 국채와 공사채 등을 매수할 일은 거의 없습니다. 그런 채권들은 은행의 예금과 금리가 비슷하거나 더 낮아서 특수한 수요가 있는 기관들에 의해 주로 거래됩니다.

개인투자자는 회사채를 매수하는 것이 보통인데 기업들은 국채와 달리 저마다 '신용등급'이 매겨집니다. 이 신용등급은 기업의 상환 능력을 반영한 것이지요. 상환 능력에 따라 채권의 수익률이 달라집니다. 상환 능력이 낮아서 위험성이 커지면 채권의 수익률은 높아집니다.

신용등급은 대학교의 학점처럼 A, B, C 등의 알파벳으로 등급을 표기하고 있습니다. 가장 좋은 AAA부터 양호에 해당하는 BBB까지만 투자를 고려할 정도에 해당하고, 그보다 낮은 신용등급의 채권은 위험성이 높아 거르는 것이 좋습니다.

채권은 개별적으로 거래되는 것보다 기관들에 의해 거래되는 것이 대부분이다 보니 펀드나 ETF를 활용해 간접투자를 하는 것이 일반적입니다.

채권의 신용등급 분류

신용상태	신용등급	신용등급의 정의
우수	AAA	상거래를 위한 신용능력이 최우량이며, 환경 변화에 충분한 대처가 가능한 기업임.
	AA	상거래를 위한 신용능력이 최우량이며, 환경 변화에 적절한 대처가 가능한 기업임.
	A	상거래를 위한 신용능력이 최우량이며, 환경 변화에 대한 대처능력이 제한적인 기업임.
양호	BBB	상거래를 위한 신용능력이 양호하나, 경제 여건 및 환경 악화에 따라 거래안전성 저하가 우려되는 기업임.
보통	BB	상거래를 위한 신용능력이 보통이며, 경제 여건 및 환경 악화에 따라 거래안정성 저하가 우려되는 기업임.
	B	상거래를 위한 신용능력이 보통이며, 경제 여건 및 환경 악화에 따라 거래안정성 저하가능성이 높은 기업임.
열위	CCC	상거래를 위한 신용능력이 보통 이하이며, 거래안정성 저하가 예상되어 주의를 요하는 기업임.
	CC	상거래를 위한 신용능력이 매우 낮으며, 거래의 안정성이 낮은 기업임.
	C	상거래를 위한 신용능력이 최하위 수준이며, 거래위험 발생가능성이 매우 높은 기업임.
부실	D	현재 신용위험이 실제 발생하였거나 신용위험에 준하는 상태에 처해 있는 기업임.
평가제외	R	1년 미만의 결산재무제표를 보유하거나, 경영상태 급변으로 기업신용평가 등급부여를 유보하는 기업임.

* AA~CCC까지는 +, 0, −로 세분화되어 총등급은 AAA부터 D까지 총 22개 등급으로 구분하고 있다.

펀드

'전문가가 대신 굴려준다'

펀드는 여러 투자자의 투자금을 모아 주식과 채권에 대신 투자해주고 일정 비용을 받는 대표적인 간접투자 상품으로, '집합투자증권'이라고도 불립니다. 자산운용사에서 저마다의 전략으로 주식과 채권을 선택해 하나의 펀드를 만들면 우리는 그 펀드를 매수하는 것만으로도 손쉽게 투자할 수 있습니다. 주식과 채권을 선택하여 일일이 사고파는 수고를 덜게 되는 것이죠.

펀드에서 주식의 비중이 높으면 '주식형펀드', 채권의 비중이 높으면 '채권형펀드', 비슷하게 섞여 있으면 '혼합형펀드'로 구분합니다.

펀드는 매매할 때 상당히 많은 시간이 소요되는데, 이런 단점을 없앤 'ETF'가 있습니다. ETF는 주가지수의 수익률을 따라가는 '인덱스펀드'를 거래소에 상장 시켜 투자자들이 주식처럼 편리하게 거래하도록 만든 상품입니다. 일반적인 펀드보다 비용이 더 저렴하고 매매가 간편하다는 장점이 있어서 갈수록 그 시장이 커지고 있지요. 특히 ETF가 연금저축계좌 내에서 매매가 가능해지면서 개인투자자들에게는 가장 필수적인 증권으로 자리 잡았습니다.

ELS

'개별 주식이나 주가지수와 연동'

ELS는 '주가연계증권'이라고도 부릅니다. 주가에 수익률이 연동되어 있다는 뜻이지요. 지수나 주가가 오르면 수익이 나고 떨어지면 손실이 나는 개념이 아니라, 일정 기간 미리 정해진 조건대로 지수가 움직이면 약속된 이자를 지급받는 개념입니다.

개별 주식의 가격이나 주가지수의 움직임을 보는 것에 투자하면 'ELS(Equity Linked Securities)'라고 하고, 원유나 환율, 금리 등에 연계한 것에 투자하면 'DLS(Derivatives Linked Securities, 파생결합증권)'라고 부릅니다.

예를 들면, '코스피지수가 앞으로 3년 동안 절반 이하로 떨어지지 않으면 4%의 이자를 약속한다'라는 조건이 붙습니다. 실제 이 조건에 맞는 상품을 구성하는 과정에는 많은 파생상품이 활용되어 복잡하지만, 투자자의 입장에서는 조건만 보면 되기 때문에 이해하기 쉬운 것이 장점이라고 할 수 있습니다. ELS(DLS)는 많은 투자자가 투자하는 상품이지만 조건에 해당하는 자산이 급락하면 큰 손실이 발생할 수 있어 주의해야 합니다.

금현물
'금 거래를 위한 독립된 영역'

금현물을 증권으로 분류하기는 어렵지만 증권사에서 주식이나 펀드를 사는 것처럼 투자가 가능합니다. 금을 거래하는 공식 거래소인 KRX(한국거래소)의 금현물은 전용 계좌를 개설하면 거래할 수 있습니다. 오직 금현물만 거래하는 독립된 영역이죠. 금현물 투자에는 다른 증권에는 없는 비과세라는 혜택이 있습니다. 골드뱅킹, 금ETF, 금펀드 등의 증권과 달리 금현물계좌는 매매 차익이 발생해도 세금을 내지 않습니다. KRX에서 금 거래를 활성화하기 위해 일종의 특혜를 준 것이죠.

어떤 형태로 금을 매수하든 우리가 갖게 되는 금이라는 원형은 동일합니다. 원하는 금을 가지는 것에 있어 가장 비용이 적게 들고 세금이 낮은 거래를 활용하는 것이 유리합니다.

계좌,
증권이라는 음식을 담는 그릇

　다양한 증권 상품들을 사서 담기 위해서는 증권사에 '계좌'를 만들어야 합니다. 계좌와 증권을 이해하려면 음식과 그릇을 떠올리면 쉽습니다. 앞서 배운 증권이 '음식'이라면, 계좌는 그 음식을 담는 '그릇'입니다. 계좌를 잘 알아야 하는 이유는 음식에 따라 담아야 하는 그릇이 정해져 있기 때문입니다. 먼저 그림으로 살펴볼까요?

　다음 페이지의 그림에서 계좌의 종류와 각 계좌에 어떤 증권을 담을 수 있는지 살펴본 후 계좌와 증권에 대해서 하나씩 찬찬히 설명하겠습니다.

■ 계좌의 종류와 계좌에 담을 수 있는 증권들 ■

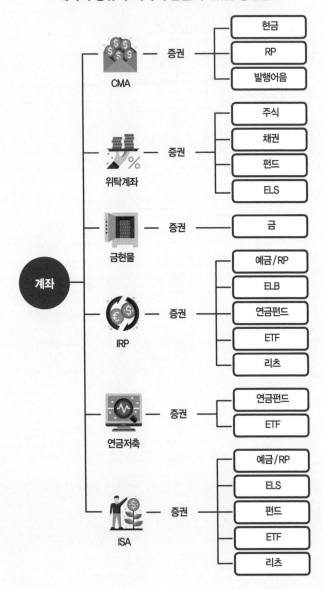

CMA
'하루만 넣어도 이자를 준다'

증권투자를 시작할 때 가장 처음에 할 일은 증권사의 계좌를 만드는 것입니다. 이때 개설하는 계좌가 'CMA'입니다. CMA와 함께 투자를 위한 '위탁계좌'도 만드는데, 요즘은 CMA와 위탁계좌의 기능이 합쳐진 '종합계좌'라는 것도 있습니다.

CMA는 은행의 수시입출금 통장처럼 증권사의 가장 기본적인 입출금 통장입니다. 입출금이 자유롭고 하루만 넣어도 하루치의 이자를 지급하는 장점이 있죠.

증권사의 CMA에는 짧은 기간 예치해도 이자를 받을 수 있는 다양한 단기상품이 있습니다. RP형, MMW형, MMF형, 발행어음형 등이 있는데, 그렇다고 종류에 따라 CMA의 수익성과 안정성이 크게 달라지지는 않습니다.

지금처럼 제로금리에 가까운 저금리 시기에는 CMA의 수익률도 만족스럽진 않지만, 은행의 수시입출금 계좌보다는 높은 금리를 제공하는 만큼 현금 상태로 보유해야 할 자금은 CMA를 활용하는 것이 좋습니다.

위탁계좌

'투자 대기 자금은 여기에'

위탁계좌는 주식이나 채권 등 다양한 금융상품에 투자할 수 있는 투자 전용 계좌입니다. '증권계좌' 혹은 '주식계좌'라고도 불리지요. 위탁계좌에는 투자 대기 자금이 주로 들어가는데, 계좌에는 '예수금' '예탁금'이라는 형태로 보입니다. 현금 상태로 두는 것은 CMA가 훨씬 이자가 높으니 보통은 CMA에 자금을 보관하다가 투자하기로 마음먹으면 그 금액만큼만 위탁계좌로 이체한 후에 투자하면 됩니다.

연금저축 / IRP

'노후준비와 절세의 혜택'

연금저축계좌는 연금이라는 이름처럼 노후를 준비하기 위한 목적으로 다양한 혜택과 제약이 있는 계좌입니다. 따로 공부해서 익혀두어야 할 만큼 독립적인 특성이 있습니다.

중권사에서 우리가 개설할 수 있는 연금저축은 '연금저축펀드'입니다. 연금자산을 '펀드'라는 투자 상품을 이용해 준비하는 것이죠. 연금저축에 넣은 일정 금액은 연말정산에 환급받는 세액공제 혜택도 있어서 '노후준비'와 '절세'라는 일석이조의 효과가 있습니다.

과거에는 연금을 준비하고 자산을 불려가는 과정에서 손실이 발생할 가능성을 염두에 두지 않아도 되는 상품들이 있었습니다. 하지만 갈수록 시중금리가 낮아지면서 연금저축펀드를 찾는 사람들이 많아지고 있습니다.

IRP는 퇴직연금을 담아두는 계좌로, 소득이 있는 사람만 개설할 수 있습니다. 연금저축과 마찬가지로 연금이라는 목적성이 있는 계좌이기 때문에 세액공제의 혜택이 있습니다.

ISA
'중장기 목돈을 굴린다'

연금저축 / IRP가 노후를 위해 장기적인 호흡으로 준비하는 계좌라면, ISA는 3년 이상의 중장기 목돈을 굴리는 성격의 계좌입니다.

ISA는 '개인종합자산관리계좌'로, 이 계좌에는 예·적금부터 펀드, ELS(DLS), ETF는 물론이고 Chapter 5에서 배울 리츠나 RP도 담을 수 있습니다. 제법 다양한 자산들을 하나의 계좌에 모아서 투자할 수 있고, 그 속에서 발생하는 수익과 손실을 상계하면서 세제 혜택까지 제공합니다.

일반계좌에서 수익을 보면 15.4%의 이자소득세를 내야 하지만, ISA는 이 계좌 안에서 다양한 자산들을 매매해서 발생한 순소득에 대

해 200만 원까지(서민형ISA는 400만 원까지) 비과세 혜택을 줍니다. 비과
세 한도를 초과하는 금액에 대해서는 9.9% 과세합니다.

현명한 투자자라면 명심해야 할
5가지 원칙

본격적인 투자를 시작하기 전에 여러분께 꼭 당부하고 싶은 것이 있습니다. '현명한 투자자라면 명심해야 할 5가지 원칙'이라고 이름을 붙였는데요. 그 이유는 투자에 능숙해지더라도 잊지 말고 실천해야 하기 때문입니다.

투자는 생각보다 어렵지 않습니다. 증권사의 가장 안전한 상품부터 가장 위험한 상품까지 방법을 조금만 익힌다면 쉽게 살 수 있죠. 그렇기 때문에 더욱더 투자 마인드가 잘 세워져 있어야 합니다. 그래야 어떤 상황에서도 스스로 중심을 잡고 자산을 관리하며 늘려나갈 수 있습니다.

원칙 1 | 매수자가 되어라

우리는 매수자가 되어야 합니다. 여윳돈이 생길 때마다 매수만 하는 매수자가 되어야 합니다. 하루에도 몇 번씩 매수와 매도를 반복하는 '단타꾼'이 아니라, 노동을 통해 벌어들인 돈으로 증권을 차곡차곡 사서 모은다는 개념의 '매수자'가 되자는 뜻입니다.

어떤 자산이든 장기적으로 가지고 있어야 수익이 상승할 가능성이 큽니다. 물론 무조건 오래 가지고 있는 것이 확실한 수익을 가져다주는 것은 아닙니다. 하지만 적어도 수익이 발생할 가능성을 높이는 것은 사실입니다.

남들이 접하기 힘든 정보를 얻을 수 있는 특수한 상황이 아니라면, 잘 알려진 탄탄한 자산을 매수한 후에 오래 가지고 가는 것이 좋습니다. 사람들은 흔히 '좋은 기업'이라고 이야기하는 기업들의 주식을 많이 매수합니다. 하지만 상당히 많은 투자자가 약간의 수익이 났을 때 팔아버리고, 그때부터 시작되는 기업의 성장은 함께하지 못하는 경우가 많습니다.

제가 현업에서 많은 고객의 투자를 관리하며 느낀 장기투자에 대한 기준은 '내가 살 때 좋다고 생각한 그 이유가 사라지기 전까지'는 해당 자산을 팔 이유가 전혀 없다는 것입니다.

원칙 2 | 밖에서 찾지 마라

투자처를 거래소 밖에서 찾지 마세요. 간혹 증권사가 아닌 작은 회사에 의해 이뤄지는 유사 투자 상품들이 있습니다. 얼핏 괜찮아 보이고, 이미 많은 사람들이 수익을 보았다고 해도 거래소에서 거래되는 것이 아니라면 정상적인 상품이라고 할 수 없습니다. 절대 하지 말아야 합니다.

하지 말아야 하는 가장 큰 이유는 문제가 생겼을 때 보호받지 못하는 상황이 생기기 때문입니다. 그런 상황은 생각보다 빈번하게 일어납니다. 증권사의 상품에도 다양한 종류가 있고, 성공한 자산가들 역시 증권사의 증권투자에서 답을 찾았습니다. 물론 증권사를 통한 투자에서도 손실이 크게 발생하기도 합니다. 하지만 전체로 보면 그 비중은 매우 낮습니다. 감독기관에 의해 철저하게 관리되기 때문입니다.

손실이 크게 발생하는 것과 투자자를 속이는 것은 전혀 다릅니다. 제도권 밖의 투자에서는 투자자들을 속이는 상품들이 너무나 많습니다. 대표적으로 폰지사기˙와 같은 것들이죠. 금융사들은 시장의 많은 규제 때문에 힘들어하지만 그런 빡빡한 규제 덕분에 우리가 안전하게 투자한다는 것을 꼭 기억하기 바랍니다.

◆　　　폰지사기 : 신규 투자자의 돈으로 기존 투자자에게 이자나 배당을 지급하며 사람을 계속 모으다가 투자금이 쌓이면 잠적하는 형태의 다단계 금융사기.

원칙 3 | 골고루 분산투자하라

여러 곳에 나눠 투자하는 것을 '분산투자'라고 하는데요. 분산투자는 불확실성의 위험을 줄이는 효과가 있습니다.

많은 투자자가 투자 원칙을 이야기할 때 자산배분과 분산투자를 강조합니다. '자산배분'은 주식, 채권, 금 등의 자산군 자체를 비율로 배분하는 것이고, '분산투자'는 하나의 종목에 모든 자금을 투자하지 않고 여러 개로 나누어 투자하는 것을 말합니다.

자산배분과 분산투자는 전체 포트폴리오의 리스크를 줄이는 가장 좋은 방법입니다. 여러 자산은 서로 다른 요인에 의해 영향을 받습니다. 그래서 어떤 상황에서는 주식이 좋고, 어떤 상황에서는 채권이 유리하지요. 또 다른 상황에서는 금이 유리하고요. 하나의 자산이 떨어져서 손실이 나도 나머지 다른 자산들이 올라서 그 하락 부분을 메꿉니다. 전체 자산의 가치를 지키는 효과가 있지요. 또한, 시장이 특별한 이슈 없이 무난한 상황에서는 전반적인 상승을 보입니다.

시장에 특별한 이슈가 없을 때는 분산하지 않은 포트폴리오의 수익률이 높게 나타납니다. 하지만 큰 충격으로 시장 하락이 발생할 때는 반대의 결과를 가져옵니다. 이렇게 자산배분과 분산투자를 하는 가장 큰 이유는 '큰 하락이 생겼을 때 모든 걸 잃지 않기 위함'입니다. 투자는 잃지 않는 것에 집중하는 것이 중요합니다.

원칙 4 | 어렵게 생각하지 마라

투자를 어렵게 생각하지 마세요. 우리는 투자하기 전에 애널리스트나 이코노미스트처럼 준비할 수 없습니다. 또 철저하게 공부했더라도 그것이 꼭 답인 것은 아닙니다. 어느 기업도 어느 나라도 단숨에 불안정해질 수 있기 때문입니다. 이건 누구도 예측할 수 없습니다. 모두가 잘 모르는 불확실성 속에서 투자하고 있습니다.

즉, 잘 모른다는 이유만으로 투자를 어렵게 생각하지 말아야 합니다. '삼성전자' 주식 하나를 사기 위해 모든 글로벌 반도체 산업의 업황을 알아야 하는 것은 아니며, 미국의 '애플' 주식을 사기 위해 미국 대선의 당선자를 예측해야 할 필요는 없습니다.

투자할 때는 '반드시 알아야 할 것'과 '알아두면 좋은 것'을 구분하는 지혜가 필요합니다. 4차 산업혁명으로 인해 우리가 타는 자동차가 전기차로 바뀐다는 것과 우리가 쓰는 디스플레이가 OLED로 바뀌어 간다는 것 등은 '반드시 알아야 하는 것'이라면, 글로벌 반도체 산업의 업황이나 미국 대선 당선자를 예측하는 것들은 '알아두면 좋은 것'에 속한다고 할 수 있습니다. 투자를 장기적으로 하려는 사람들이 단기적인 모든 변화에 대응하려 한다면 투자는 항상 나를 위태롭게 하고 힘들게 하는 것이 되고 맙니다.

원칙 5 | 투자는 '운칠기삼'이다

운이 7할이고 재주나 노력이 3할이라는 뜻인 운칠기삼(運七技三)은 투자에도 해당하는 말입니다. 투자 고수나 투자 전문가들이 대외적으로는 하지 않지만, 그들끼리 있을 때는 "투자는 운칠기삼이다"라는 말을 자주 씁니다. 그만큼 누구도 예측할 수 없는 것이 투자입니다.

투자 마인드를 갈고닦으며 투자 공부를 하는 것은 10 중 3에 해당하는 영역입니다. 그래서 완벽하게 준비했어도 결국 그보다 더 큰 7이라는 변화의 가능성이 있습니다. 내가 생각했던 것과 전혀 다른 결과가 생길 수 있기 때문에 과도한 확신으로 하나에 올인하는 것은 위험합니다.

투자에 있어 확신할 수 있는 것은 그 어떤 것도 없습니다. 우리가 투자를 공부하는 것도 운의 영역을 넘어서기 위함이 아니라 운을 잘 활용하기 위한 것입니다. 투자의 귀재 워런 버핏은 운을 자기편으로 만들기 위해 장기투자를 선택했습니다.

투자를 하다 보면 운이 유난히 본인을 비껴간다고 여길 만큼 힘들 때가 있습니다. 그럴 때 '나의 공부가 부족해서 투자에 실패했다'라고 자책하는 사람들이 있습니다. 하지만 분명 그 시기에는 다른 투자자들도 힘든 시기를 겪고 있습니다. 시장이 상승하는 동안은 매우 기분 좋은 것이 투자이고, 떨어지는 시기에는 매우 힘든 것이 투자입니다. 이런 자연스러움을 받아들이길 바랍니다. 그런 변동성을 전혀 느끼지 못하는 투자 방법은 없습니다. 왜냐하면 투자에는 나의 준비된 3보다 7만큼의 여지가 항상 존재하기 때문입니다.

초보 투자자들이 흔히 경험하는
7가지 실수

투자에 정답은 없습니다. 이 시간에도 수많은 투자자가 답을 찾기 위해 저마다 시도하고 있지만, 따라 하기만 하면 무조건 성공하는 정답은 없습니다. 과거의 성공 사례도 마침 당시의 시장 상황과 딱 맞아떨어진 것일 뿐 지금의 시장에서는 적용하기 힘듭니다.

투자에 정답은 없지만, 오답은 있습니다. 그와 관련해 제가 현업에서 일하면서 수많은 고객을 만나고 그들의 자산을 관리하며 쌓아온 저만의 빅데이터가 있습니다. 사람들이 투자를 할 때 자주 하는 공통적인 실수에는 어떤 것들이 있을까요?

실수 1 │ 내가 모르는 것은 대박이다

투자 경험이 많고 적음에 상관없이 많은 분들이 흔히 저지르는 실수입니다. 제가 증권사에 있을 당시, 리스크를 고려해 고객의 투자 성향에 맞는 포트폴리오를 짜드려도 어느 날 갑자기 자산을 매도하는 분들이 있습니다. 그러고는 이상한 관리종목*이나 누가 봐도 위태위태한 것을 삽니다. 제가 놀라서 물어보면 "전날 술을 마시다가 투자 좀 한다는 친구가 ○○종목을 엄청나게 사서 모은다고 해서 나도 좀 샀어요"라고 얘기합니다. 사실 이게 가장 무서운 말입니다.

왠지 내가 잘 모르는 투자 고수들의 세계가 있을 것 같고, 그 세계에서 돈을 잘 버는 작전 세력의 정보를 들은 것 같고, 그걸 따라 하지 않으면 절대 돈을 벌 수 없을 것 같다는 생각 때문에 갑자기 전문투자자처럼 관리종목에 목돈을 넣는 사람들이 있습니다. 굉장히 위험한 행동이며, 파산으로 가는 지름길입니다.

절대 여러분이 들은 정보가 돈이 되는 정보라고 생각하면 안 됩니다. 이미 그 주식을 매수한 사람 중 일부가 주가를 올리기 위해 거짓 정보를 퍼뜨리며 악용하는 경우가 상당히 많기 때문입니다. 그런 말에 현혹되지 말 것을 당부드리고 싶습니다.

◆　　관리종목 : 증권거래소가 유가증권 상장 규정에 의거 상장폐지 기준에 해당하는 종목 가운데 특별히 지정한 종목.

혼히 한 사람에게 평생 큰돈을 벌 기회가 딱 세 번 온다고 합니다. 그 세 번의 기회가 술자리의 친구를 통해 오지는 않을 것입니다. 평소에 금융 경제 공부를 하면서 나만의 투자 전략을 가지고 있어야 그 기회를 제대로 읽을 수 있습니다.

실수 2 | 장기투자가 3개월이다

우리나라 사람들은 성격이 매우 급합니다. 물론 저도 마찬가지고요. 어디에 투자해놓고 수익이 나올 때까지 진득하게 기다리는 것을 힘들어합니다.

제가 증권사에 있을 때, 처음 투자 상담을 받으러 온 고객마다 공통적으로 하는 말이 있었습니다.

"저는 장기투자를 하기로 마음먹고 왔으니 3개월도 기다릴 수 있어요."

투자 경험이 적은 분들일수록 장기투자의 기간을 짧게 잡는 경우가 많습니다. 특히나 요즘 은행의 적금은 1년마다 만기가 돌아오고, P2P 투자의 경우에는 3개월마다 만기가 돌아오기도 하니까요. 그럴 때 제가 하는 말이 있습니다.

"투자는 자식을 키우는 것과 비슷해요. 자녀를 학원에 보낸다고 해서 성적이 곧바로 오르는 건 아니잖아요? 배움이 서서히 누적되어야 비로소 성과가 나타나듯이 투자도 마찬가지입니다."

금융기관에서 다루는 자산들은 실제로 나름의 기준에 의해 기간을 정해둡니다. 단기는 1년 이내, 중기는 3년, 장기는 3~10년, 초장기는 그 이상입니다. 참고로 법인은 1년 이내가 단기, 그 이상은 장기로 구분을 합니다.

이처럼 1년이라는 시간은 우리에게 긴 시간처럼 느껴지지만, 자본시장에서는 단기에 해당합니다. 다시 말하면 1년 이내로 투자해서 높은 금리를 얻을 수 있는 상품은 거의 없다는 뜻입니다. 장기투자를 통해 이익을 얻기 위해서는 3개월이 아니라 적어도 3년이라는 기간이 넘도록 투자를 이어가야 유의미한 이익을 얻을 수 있습니다. 반드시 3년을 채워야 한다는 개념이 아닙니다. 대부분의 투자는 길게 할수록 유리하다는 말이지요.

실수 3 | 매일 차트를 보며 일희일비한다

일반적으로 우리는 예금에 넣어둔 자산이 얼마나 불어났는지 매일같이 체크하지 않습니다. 내가 가진 자동차나 살고 있는 집의 시세도 매일 확인하지 않고요. 보통은 만기가 되거나 해당 자산을 팔 거나 새로 사야 할 때 관심을 가집니다.

그런데 투자에 있어서는 많은 사람들이 하루도 빠짐없이 시세를 확인합니다. 주식시장의 움직임을 계속 주시하면서 오늘은 얼마를 벌거나 잃었는지 강박적으로 체크하죠. 모든 자산 중에서 금융자산의 시세가 가장 신속하고 정확한 것도 매일 차트를 확인하게 만드는 원인 중 하나입니다.

그러나 장기투자를 하려면 시장으로부터 일정한 거리를 두는 연습이 필요합니다. 자주 시세를 확인하면 매매를 해야 한다는 심리적인 압박이 생겨 불필요한 거래를 할 수 있기 때문입니다. 숲속의 나무가 무관심 속에 높게 자라듯이 내가 가진 금융자산도 적당한 거리 두기가 필요합니다.

실수 4 | 남에게 엄격하고 자신에게 관대하다

우리는 누군가가 덤터기를 써서 물건을 몇만 원 더 주고 사면 한심하게 생각합니다. 하지만 정작 자신이 실수할 때는 어쩔 수 없었다거나 괜찮다고 생각합니다. 물론 자기 위안으로 삼는 것이겠지만, 실수에 관대해지는 것은 투자에 있어서 굉장히 위험한 행동입니다. 현명한 투자자는 스스로에게 엄격해야 합니다.

자산을 모으는 데는 돈이 새지 않도록 관리하는 것이 핵심입니다. 투자로 자산을 모을 때도 마찬가지입니다. 자산 중 일부라도 엉뚱한 곳으로 새어 나가지 않게 하는 것이 투자의 첫 번째 목표여야 합니다.

'잃지만 말자'라는 생각으로 접근해야 하는데, 하다 보면 판단력이 흐려져서 손실이 발생합니다. 스스로 세운 원칙을 강박적으로 지키는 습관을 지녀야 합니다.

실수 5 | 노력하는 만큼 수익률이 오르길 기대한다

노력하는 만큼 결과가 좋아지는 것이 세상의 이치입니다. 하지만 투자에서는 이것이 통하지 않습니다. 주식투자뿐만 아니라 모든 투자에는 어느 정도 시간이 필요합니다. 우리가 밭에 식물을 심는 것과 같죠. 충분히 자라날 시간이 있어야 예쁜 꽃을 피울 수 있습니다.

많은 사람들이 투자를 열심히 공부해서 단기에 엄청난 성과를 내려고 노력합니다. 누구보다 많이 차트를 공부하고, 기업분석을 하고, 관련 서적을 읽으며 배운 것들을 통해 더 빠른 수익을 기대합니다.

하지만 나의 수익률을 올리기 위한 노력을 내가 10시간 더 했다고 해서 나의 수익률이 0.001%만큼 높아지는 것은 아닙니다. 그보다는 남들보다 부지런히 씨를 심고, 싹이 틀 때까지 농기구를 점검하며 기다리는 자세가 필요합니다. 그동안의 나의 모든 노력은 조금씩 누적되어 어느 순간 높은 수익률로 돌아올 것입니다.

실수 6 | 핑계를 댈 수 있는 곳을 찾는다

투자에서 가장 중요한 것은 '스스로 결정하는 것'입니다. 투자를 남에게 맡기는 것의 이면에는 손실이 발생했을 때 누군가를 탓할 핑곗거리를 찾으려는 심리가 작용합니다. 일반적으로 손실이 난 것보다 '이 손실이 나의 잘못된 판단 때문에 벌어졌다'는 사실이 더 두렵기 때문이지요.

비슷한 예로, 증시가 하락하면 증권사는 경제방송을 통해 증시 하락의 이유를 끊임없이 설명하려 합니다. 코스피가 2% 이상 떨어진 날이면 다음과 같은 단골 멘트가 나갑니다.

"과도한 증시 상승으로 인한 부담감…."

"일부 기관들의 수익 실현 매도로 인해…."

코스피가 떨어진 이유를 설명하기 위한 기사도 쏟아집니다. 외부적인 상황 때문에 손실이 발생했다는 것을 증명하려 하죠. 하지만 코스피 시장이 하루에 2% 떨어지는 데에는 별다른 이유가 없는 경우도 많습니다.

수익이나 손실에 대한 이유를 반드시 찾아서 연결 지을 필요는 없습니다. 나의 판단이 좋아서 오르는 것도 아니고, 남의 판단으로 인해 하락하는 것도 아닙니다. 오르고 내리는 건 아주 자연스러운 현상이지요. 우리가 투자를 하는 이유는 이런 오르내림이 반복되더라도 언젠가는 회복되어 올라오리라고 믿기 때문입니다.

실수 7 | 상승기의 수익률이 나의 실력이라고 믿는다

많은 전문가가 빠져 있는 함정입니다. 상승장에서의 성과가 자기 실력이라고 착각하는 것이죠. 전문가뿐만 아니라 많은 투자자들이 범하기 쉬운 실수입니다.

시장은 단기적으로 요동치지만, 크게 상승하는 기간과 크게 하락하는 기간이 큰 국면으로 나뉩니다. 주식이 쭉 상승하는 동안에는 투자자 대부분이 수익을 거둡니다. 문제는 이 기간의 수익률이 나의 능력치라고 착각하기 쉽다는 것입니다. 내가 낼 수 있는 '평균적인 수익률'이라고 생각하는 것이죠.

주식을 시작한 첫해에 시장이 좋아서 연 20% 정도의 수익을 냈다면 앞으로도 계속 그 정도의 수익을 낼 수 있다고 가정하고 맙니다. 그래서 대범하게 신용을 쓰거나 대출로 매매를 하기도 합니다. 또는 손실이 -30%씩이나 발생한 상황에서도 "나는 20% 수익을 낼 수 있으니 지금의 손실은 곧 만회할 수 있어"라고 합리화하며 손절매◆를 합니다. 망해가는 기업이 아니라면 -30%의 손실은 시간이 지날수록 회복할 가능성이 있습니다. 하지만 그때를 기다리지 못하고 매도하면서 나의 평균 수익률을 믿고 합리화하는 사람들이 꽤 많습니다. 아무리 좋은 수익을 내고 있더라도 '잃지 않는 투자를 해야 한다'라는 점을 명심하길 바랍니다.

◆　　손절매 : 주가가 떨어질 때 손해를 감수하고 팔아서 추가 하락에 따른 손실을 피하는 기법.

◆ 주식을 산다는 것은 기업의 소유권을 사는 것이다 ◆

주식시장의 구조를 단순히 '돈 놓고 돈 먹기' 혹은 '어느 한쪽이 득을 보면 반드시 다른 한쪽이 손해를 보는 제로섬 게임'과 비교하는 경우가 많습니다. 시장을 단기적으로 보면 그렇게 보일 수도 있습니다. 하지만 시장은 계속 커지고 투자자들이 얻을 수 있는 수익이 지속적으로 외부에서 공급되는 '성장하는 생태계'입니다.

주식은 '기업의 소유권'을 사는 것입니다. 만약 우리가 '삼성전자' 주식을 1주 산다면 약 60억 주 중 하나를 얻은 것이고, 삼성전자를 60억 분의 1만큼 소유하게 되는 것입니다.

만약 삼성전자 주식 하나를 58,600원에 샀다면 내가 산 가격은 확정이 된 것입니다. 이 58,600원의 주식이 60억 주가 있으니 현재 삼성전자의 전체 크기는 약 350조 원에 이르겠지요. 이것을 '시가총액'이라고 합니다. 기업의 이익이 커지면서 기업의 가치가 높아지면 자연히 시가총액도 늘어납니다. 주식의 수는 60억 주로 제한되어 있으니 1주의 가격이 상승하는 것이죠. 삼성전자가 글로벌 시장에서 더 많은 반도체와 스마트폰, 가전제품을 판매하여 더 많은 수익을 내면 1주의 가격이 58,600원보다 오르게 되고, 내가 가지고 있는 주식의 가치는 그만큼 높아지는 것입니다.

이처럼 주식의 가치가 높아지는 것은 다른 기업의 주식 가치를 뺏어왔기 때문이 아닙니다. 삼성전자가 기업 활동을 하면서 새로운 부가가치를 만들어내고, 그 부가가치가 돈이라는 형태로 기업의 내부에 쌓이면서 기업의 가치가 커졌기 때문에 1주의 가격이 높아지는 것입니다.

　만약 주식이 '누군가로부터 사 오는 것'이라면 그 주식을 파는 사람의 마음을 읽어야 할 것입니다. 하지만 주식은 '시장에서 사 오는 것'입니다. 내가 사 온 주식의 가격이 오르기 위해서는 그 기업이 열심히 일하고 성장하기를 바라야 하는 것입니다. 그렇기 때문에 나 스스로가 주식을 사고파는 투자자가 아니라 기업을 소유하는 주인이라고 생각해야 합니다.

✦ 주의해야 할 투자 사기 ✦

주변에서 투자 사기를 당한 사람들을 심심찮게 볼 수 있습니다. 사기를 당한 사람들은 스스로 '차라리 투자를 시작하지 않았으면 더 나았을 텐데…' '괜한 욕심을 부리다가 화를 당한 거야'라며 자책합니다.

투자 사기를 당한 것은 안타까운 일이지만, 그렇다고 해서 투자 행위 자체를 부정하는 것은 잘못입니다. 사기를 당했다면 사기를 친 사람이 나쁜 것이고, 당한 사람의 판단력이 부족했던 것이지, 투자라는 행위 자체가 잘못되었거나 요행을 바란 것은 아니기 때문입니다. 알아두면 피해갈 수 있는 법. 가장 대표적인 금융사기인 '폰지사기'와 호시탐탐 주식투자자들을 유혹하는 '주식 리딩방'에 대해 알려드리겠습니다.

❶ 폰지사기

투자 사기의 많은 유형 중에 '폰지사기'라는 것이 있습니다. 투자를 시작한 사람이라면 꼭 알아두어야 하고 조심해야 하는 사기 기법이죠. 폰지사기는 1920년대 미국의 찰스 폰지(Charles Ponzi)라는 사람이 벌인 사기 행각에서 유래한 말로, 동일한 수법이 100년째 행해지고 있고 꾸준히 피해자가 나오는 금융사기 수법 중 하나입니다.

폰지사기는 고수익을 미끼로 투자자들을 모으고, 신규로 들어오는 투자금 일부를 기존 투자자에게 수익으로 속여 지급하는 다단계 금융 사기입니다. 지금 이 순간에도 어디선가 행해지고 피해자가 속출할 만큼 빈번하게 일어나고 있습니다.

수법은 매우 간단합니다. 고수익의 새로운 투자처라며 투자자를 모집합니다. 많은 투자자가 혹시나 하는 마음으로 소액을 시험 삼아 투자해봅니다. 통상 이 단계에서는 한 사람당 300~500만 원 정도의 투자금을 투입합니다.

그리고 약속한 날짜가 되면 10~30%에 달하는 높은 수익이 지급됩니다. 사실 이 돈은 투자를 통해 벌어들인 수익이 아니라 신규 투자자의 원금을 떼서 지급한 것입니다. 실제로 수익이 난 것처럼 속여 더 많은 투자금을 내도록 유인하는 것이죠.

수익금에 현혹된 사람들은 두 번째 투자에서 대출 등의 레버리지까지 동원해 몇천만 원에서 몇억 원에 이르는 큰 자금을 투입합니다. 몇 번의 이자를 받다 보면 신뢰도가 높아져 별다른 의심 없이 투자합니다. 더 큰 문제는 가족이나 지인 등 주변 사람들까지 끌어모아 투자하게 만든다는 것입니다.

이렇게 투자자들로부터 투자금이 최대한 모였다고 여겨지는 시점에 회사가 갑자기 사라집니다. 잠적해버리는 거죠. 이런 투자 사기는 자금 흐름이 불분명하기 때문에 추적이 어렵습니다. 사기범을 붙잡는다고 해도 자금 회수는 거의 불가능하고요.

증권사를 통해 증권 거래를 하며 투자 경험을 쌓은 투자자들이라면 지금과 같은 금리 수준에서 10~30%의 수익률을 제공한다는 것 자체가 말도 안 된다는 것을 단번에 알아차릴 겁니다. 그래서 대부분의 폰지사기는 투자 경험이 없는 사람들을 대상으로 합니다.

이런 투자 사기를 당하지 않기 위해서는 투자할 때 검증된 시장을 이용하고 그 외의 투자처에 대해서는 아예 관심을 두지 않거나 의심해봐야 합니다.

❷ 주식 리딩방

일명 '동학개미운동'의 결과로 수많은 신규 투자자가 주식시장에 진입했습니다. 주식을 매수하는 절차는 매우 간단한 데 비해 종목은 수천 가지가 되니 신규 투자자들은 어떤 종목에 투자해야 할지 고민하게 됩니다.

이런 수요를 반영해 투자 종목을 추천해주는 '주식 리딩방'이 성행하고 있습니다. 현재 약 2,500여 개의 업체들이 리딩방을 운영하고 있으며, 개인이 운영하는 것들도 포함하면 그 수는 훨씬 많으리라 예상합니다. 이런 가운데 금융감독원이 주식 리딩방에 대한 소비자 주의를 발령하기도 했습니다.

주식 리딩 자체가 불법은 아니지만, 감독기관이 없다 보니 투자 피해가 발생할 가능성이 매우 높습니다. 주식 리딩방은 텔레그램이나 밴드, 카카오 오픈채팅 등을 통해 운영되는데, 한 방에 수십 명에서 많게는 수백 명의 사람들을 모아놓고 운영자가 주기적으로 종목을 추천합니다.

하지만 이런 방은 사실 운영자가 먼저 매수한 종목을 추천해서 가격을 올리고, 본인은 이득을 본 후 빠지는 경우가 많습니다. 그런 방에는 바람잡이 역할을 하는 사람도 있어서 매수를 부추기기도 하죠.

또, 여러 개의 방을 운영하며 서로 다른 종목을 추천하고, 그중 확률이 높은 방에서 참가자들의 신뢰를 어느 정도 얻으면, 가입비가 수백만 원에 이르는 '유료방'으로 가입을 권유하기도 합니다. 실제 높은 회원비를 내면서 유료방에 들어온 투자자가 이후에 수익이 나지 않아서 환불을 요청하더라도 각종 규정을 이유로 환불해주지 않는 것이 일반적입니다. 감독기관이 관리하는 제도권에 있지 않기 때문에 제대로 된 보상을 기대하기도 어렵습니다.

모든 리딩방이 사기를 칠 목적으로 개설된 것은 아닐 겁니다. 하지만 최근 유명 전문가를 사칭하거나 허위 사실을 유포하는 리딩방이 성행해 개인투자자의 피해가 급증하고 있으니 주의해야 합니다. 투자 종목을 직접 선택하는 것이 부담스럽다면 펀드나 ETF 등 제도권 내의 간접투자를 이용하는 것이 바람직합니다.

제로금리 시대의 투자,
자산배분이 답이다

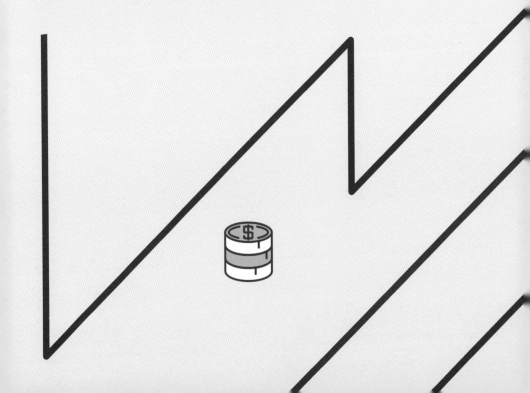

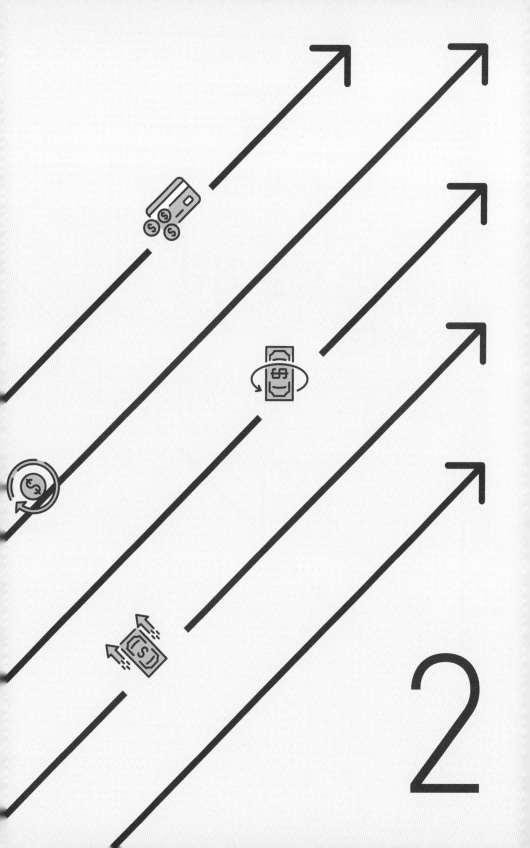

chapter 3

황금알을 낳는 거위, 자산배분

제로금리시대의투자, 자산배분이답이다

월급이 많으면 금세 부자가 될까요? 아무리 돈을 많이 버는 고소득 직장인도 근로소득만으로 부자가 되기는 어렵습니다. 소득이 오르는 만큼 지출도 늘어나기 때문이죠.

부자가 되려면 '자산'이 있어야 합니다. 즉, 월급을 받는 직장인이라면 연봉을 자산으로 바꿔야 하죠. 매월 일정 금액을 투자를 통해 미래의 자산으로 만들어야 합니다. 처음에는 작아 보이던 돈도 계속 굴리다 보면 나중에 눈덩이처럼 커지게 됩니다. 스노우볼 효과 덕분입니다. '스노우볼 효과'는 작은 눈덩이를 계속 굴리면 어느새 깜짝 놀랄 만큼 눈덩이가 불어나 있는 현상으로, 워런 버핏이 복리효과를 설명하기 위해 사용한 말입니다.

자산배분은 이 복리효과를 톡톡히 누릴 수 있는 투자 방법입니다. 수익률이 단번에 크게 오르지는 않지만, 일정 수익률을 유지하며 계속 굴리다 보면 어느새 놀랄 만큼 자산이 모여 있기 때문이죠. 역사상 가장 뛰어난 물리학자인 알베르트 아인슈타인은 복리효과를 두고 '인류가 발견한 가장 위대한 법칙 중 하나이자 세계 8대 불가사의'라고 말하기도 했습니다.

복리는 투자 기간이 길어질수록 수익률에서 차이가 벌어집니다. 원금 1,000만 원을 단리 10% 수익률로 20년 동안 투자하면 계좌에는 3,000만 원이 들어 있게 됩니다. 복리는 어떨까요? 복리 10%였을 때는 6,727만 원으로 단리 총금액인 3,000만 원보다 2배 이상 높지요. 이처럼 복리는 시간이 지날수록 이자에 가속도가 붙는다는 특징이 있습니다. 그렇기 때문에 복리효과를 제대로 보기 위해서는 무엇보다도 '시간'이 가장 중요하다는 것을 기억해야 합니다. 이것이 우리가 한시라도 빨리 투자를 해서 자산을 모아야 하는 이유입니다.

자산가들이
자산배분에 목숨 거는 이유

　제가 PB로 일할 때, 증권사에만 수백억 원을 맡긴 고객이 있었습니다. 사업을 통해 성공한 자산가였지요. 그는 이미 '몰빵'의 위험성을 알고 있었습니다. 사업 모델이 여러 개 있어야 하나가 잘 안 되더라도 다른 것들의 수익 덕분에 리스크가 줄어든다는 것을 체득한 것이죠.

　실제로 제가 만났던 대부분의 고액 자산가들은 자산을 은행에도 넣어두고, 부동산에도 넣어두고, 주식도 하고, 채권도 사는 등 여러 방면에 투자를 하고 있었습니다. 그러다 보니 하나가 잘못되더라도 전체 수익률이 마이너스가 되지 않았죠.

　자산을 모으기 위해서는 자산가들처럼 자산배분을 해야 합니다. 자산배분이란 여러 가지의 자산군을 섞어서 투자하는 것으로, 저는 자산배분이 돈을 모으는 데 가장 효율적인 투자 방식이라고 생각합니다.

"주식을 여러 종목 가지고 있으면 그것도 자산배분 아닌가요?"라고 묻는 분들이 있습니다. 그것은 자산배분이 아닙니다. 진정한 의미의 자산배분은 투자금을 주식, 채권, 금, 원자재, 현금 등 다양한 자산군에 나누어 담는 것을 말합니다. 여러 자산군에 나누어 담아야 하는 이유는 안정성과 수익률을 동시에 얻기 위함입니다.

자산배분을 이루는 자산들이 주식, 채권, 금, 원자재, 현금 등으로 이루어지는 이유는 이 자산들이 서로 반대 방향으로 움직이는 성향이 있기 때문입니다.

시장이 좋으면 오르는 '주식'
시장이 침체해도 이자를 꼬박꼬박 주는 '채권'
화폐 가치가 떨어지는 걸 막아주는 '금'
경기가 호황일 때 오르는 '원자재'
어떤 경우든 쓸 수 있는 '현금'

경제 상황이 좋고 시장이 성장하는 와중에는 주식과 원자재의 수익률이 우수합니다. 반대로 경제가 침체되어 불황에 접어들면 채권이 안정적인 수익률을 주는 좋은 자산이 됩니다. 여러 자산의 가치가 동시에 하락할 때 유일하게 자리를 지키는 것이 금입니다.

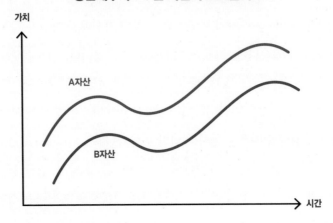

■ '상관계수가 = 1'인 자산의 포트폴리오 ■

출처 : 로저 C. 깁슨, 《재무상담사를 위한 자산배분 전략》

　이것을 '자산의 상관관계'로도 살펴볼 수 있습니다. 위의 그래프에서 A자산이 10% 상승할 때, B자산도 10% 상승합니다. 반대로 A자산이 10% 하락할 때, B자산도 10% 하락합니다.

　이처럼 하나가 오르면 같이 오르고 하나가 떨어지면 같이 떨어지며 동일한 움직임을 보이는 A와 B 자산의 상관계수는 1입니다. 이러한 자산들을 '양의 상관관계'가 있다고 말합니다.

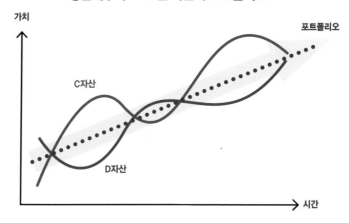

■ '상관계수가 = -1'인 자산의 포트폴리오 ■

출처 : 로저 C. 깁슨, 《재무상담사를 위한 자산배분 전략》

반면, 위의 그래프에서는 C자산이 10% 상승할 때, D자산은 10% 하락합니다. C자산이 10% 하락할 때는 D자산은 10% 상승합니다. 이때 C와 D자산의 상관계수는 -1이며, '음의 상관관계'가 있다고 말합니다.

C와 D자산 모두 지속적으로 가치가 오르고 있다(우상향한다)는 전제 아래, 두 자산을 함께 가지고 있으면 변동성이 줄고 리스크가 낮아집니다. 시장이 하락해도 자산을 지킬 수 있고, 장기적으로 가져간다면 수익이 나게 되는 것이죠.

이처럼 상관계수가 -1에 가까운 자산들이 섞여 있을 때, 위기에 상당한 방어력이 생깁니다. 시장에 이슈가 생겨서 하나가 떨어지면 다른 것들이 오르고, 또 하나가 떨어지면 또 다른 것이 오르는 방식으로 말이죠. 시장이 정상화되면 모두 함께 올라가고요.

이 자산들을 일정 비율로 배분해 투자한다면 경기의 성장 또는 후퇴와 상관없이 안정적인 수익률을 올릴 수 있습니다. 빠르게 수익률이 높아지지는 않지만, 오래 투자할수록 복리효과로 돈을 벌게 되는 것이죠.

시장 상황에 따라 서로 다른 반응을 보이는 자산들을 조화롭게 구성하여 안정성과 수익성을 높이는 것이 자산배분입니다. 다양한 자산군을 자신의 투자 전략대로 비중을 분산하여 포트폴리오를 구성하고, 투자금이 생길 때마다 정해둔 비율대로 사면 됩니다. 또 정기적으로 비율에 맞게 오른 자산을 팔고 떨어진 자산은 사면서 '리밸런싱(rebalancing)'을 해주면 되고요.

아직 자산이 없다고, 혹은 적은 돈이라고 해서 자산배분을 소홀히 하면 안 됩니다. 자산배분 투자는 복리 수익을 심리적인 흔들림 없이 적금하듯 투자할 수 있다는 장점이 있기 때문에 빠르면 빠를수록 좋습니다.

TIP 자산의 상관관계

다음 표는 여러 가지 자산들의 상관계수를 1999년부터 2020년 9월까지 구해본 것입니다. 모든 자산의 상관계수를 수치화해보면 음의 상관관계를 가지는 다양한 자산의 쌍을 찾을 수 있습니다. 우리가 주로 투자하는 자산 중에 대표적인 음의 상관관계를 찾아볼까요?

보통은 -0.3 정도가 넘어가면 의미 있는 음의 상관관계를 가졌다고 판단합니다.

■ 자산의 상관관계 ■

* 원자재 가격은 연결 선물 데이터, 부동산 가격은 KB주택가격동향 데이터 기준

** 외환의 경우, 환율 상승 시 해당 통화 약세 / 회사채는 국채3년 스프레드 이용

　출처 : Bloomberg, 인포맥스, FnGuide, 신한금융투자 / 2020년 9월 30일 기준

• 코스피와 달러 (-0.55)

국내주식의 비중이 큰 투자자에게는 달러를 가지고 있는 것만으로도 상당한 음의 상관관계를 이용할 수 있습니다. -0.55 정도면 상당히 높은 편이고, 코스피가 급격히 떨어지면 달러가 급등하던 것을 떠올릴 수 있습니다.

• 코스피와 회사채 (-0.57)

코스피가 하락하는 시기에는 기업들의 채권인 회사채의 가치가 올라갑니다. 코스피가 떨어지면 우리나라 기업들의 부도 위험성이 높아지기 때문에 그만큼 더 웃돈을 주고 채권을 거래하게 됩니다. 우리나라의 주식과 채권만으로도 상당한 자산배분 효과를 낼 수 있습니다.

• S&P500과 달러 (-0.57)

미국시장의 가장 대표적인 지수와 달러가 음의 상관관계에 있는 것이 아이러니하게 보일 수 있습니다. 달러의 가치 지표로 삼는 원달러 환율은 우리나라의 원화 대비 달러의 가치를 나타낸 것입니다. 즉, 미국의 주식시장이 하락한다는 것은 글로벌 경기에 큰 충격이 발생한 것을 의미하고, 그런 시기에는 원화의 가치가 하락합니다. 원화의 가치가 하락하면 달러의 환율이 오르게 됩니다. 그래서 미국에서 금융위기가 시작되어도 달러의 가치는 오히려 상승하는 일이 생기는 것입니다.

• 부동산과 S&P500 (-0.39)

우리나라의 부동산은 대부분의 자산과 어느 쪽으로도 방향성이 강하지 않습니다. 그렇지만 미국의 주식과는 높은 음의 상관관계를 보여줍니다. 만약 우리나라 부동산에 적극적으로 투자하고 있다면 다른 투자로 미국의 주식을 사두는 것을 고려해볼 수 있습니다. 그렇게도 자산배분이 가능합니다.

• 달러와 구리 (-0.62)

달러는 국내주식과 해외주식에 음의 상관관계를 가지는 자산인데, 원자재들과도 상당히 높은 음의 값을 보여줍니다. 달러는 구리, 은, 원유와 같은 자산들과 반대로 움직이는 경향이 있습니다.

- 금과 은 (0.8)

  금과 은은 둘 다 동일한 카테고리의 귀금속으로 높은 양의 상관관계를 가집니다. 하지만 그 외 대부분의 자산들과는 큰 상관관계를 보이지 않습니다. 이것은 금값의 방향성이 다른 자산들의 영향을 덜 받으면서 자체적으로 고유한 가치를 유지한다는 것을 뜻합니다. 그래서 많은 투자자가 금을 소장하는 것입니다.

- 구리와 회사채 (−0.74)

  구리는 대표적인 산업재로, 경제가 활발하게 성장하는 시기에는 그 가치가 올라갑니다. 그래서 주식과 원자재 등의 자산들과 높은 양의 상관관계를 보여줍니다. 그래서 대표적인 안전자산인 채권과는 높은 음의 상관관계를 가집니다.

- 미국채권과 한국채권 (−0.64)

  둘 다 안전자산인 채권이지만 상당히 높은 음의 값을 가집니다. 이것은 서로 다른 통화를 쓰기 때문입니다. 원화와 달러의 관계가 얼마나 큰 영향을 주는지 알 수 있습니다. 포트폴리오를 구성할 때 안전자산인 채권도 글로벌 분산을 하는 편이 좋습니다.

자산배분은
리스크의 배분이다

　자산배분은 1980년대부터 계속 연구되고 있는 투자 방식입니다. 1986년 미국의 투자가인 게리 브린슨(Gary Brinson)은 90개 이상 연기금의 10년치 투자 실적을 분석한 결과, "자산배분이 투자 성과의 91.5%를 결정한다"는 내용의 논문을 발표했습니다. 흔히 투자의 성공은 종목 선정이나 시장 예측에 달렸다고 생각하기 쉬운데 그의 연구 결과에 따르면 종목 선택과 시장 예측은 5%에도 미치지 못하는 것으로 나타났지요.

　다음은 게리 브린슨이 말하는 투자 성과를 결정짓는 요인을 그림으로 정리한 것입니다.

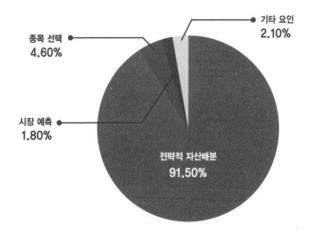

■ 투자 성과를 결정짓는 요인 ■

기타 요인
2.10%

종목 선택
4.60%

시장 예측
1.80%

전략적 자산배분
91.50%

　　투자 성과를 결정짓는 요인에 대한 논쟁은 여전히 계속되고 있습니다. 하지만 그 비율만 조금씩 달라질 뿐, 자산배분의 영향력이 가장 크다는 것은 항상 유효합니다. 우리가 적절한 비율로 자산을 나누어 투자한다면 자산배분만으로도 충분한 수익률을 기대하며 자산을 불릴 수 있습니다.

　　'기금 운용계의 워런 버핏'으로 불리는 데이비드 스웬슨(David Swensen)은 자산배분 방식으로 예일대 기금을 세계 최고의 대학 기금으로 만들어냈습니다. 데이비드 스웬슨이 예일대 기금 운용을 시작한 1985년 당시 대부분의 대학 기금은 채권 중심의 안전자산 투자를 주로 했습니다. 기금은 필요할 때 언제든 현금화할 수 있어야 했기 때문에 위험 자산인 주식에는 절대 투자하지 않았던 것입니다. 그런데 예일대의 기금 운용을 맡은 데이비드 스웬슨은 기금 운용 방식에 혁신을 가져옵니다. 기금 운용에 채권 비중을 줄이는 대신 주식 비중은 늘리고 원자재, 이머징 마켓 등에 투자하는 자산배분을 실현한 것이죠. 결과는 어땠을까요? 그가 운용을 맡은 30년간 예일대 기금은 연평균 10% 이상의 수익률을 올리고 있습니다.

자산배분의 성공적인 사례에도 불구하고 개인투자자 중에는 자산배분을 소홀히 하는 경우가 많습니다. 개인투자자들은 여전히 가격 변동을 예측하여 매매차익을 내는 트레이딩 스타일을 고집하고 있죠. 트레이딩 스타일은 장이 열리는 내내 모니터 앞에 앉아 가격 변동을 예측하고 매매를 반복하면서 수익을 내는 방식이라 자칫하면 순식간에 큰돈을 잃을 수도 있는 위험한 방법입니다. 특히 초보 투자자들은 더 그렇습니다.

다행히도 최근 들어서 레이 달리오(Ray Dalio)의 '올웨더 포트폴리오' 덕분에 자산배분에 대한 인식이 넓어졌습니다. '올웨더(All Weather)'라는 이름처럼 어떠한 경기 상황에서도 안정적인 수익률을 얻을 수 있는 포트폴리오입니다. 한화 170조 원에 달하는 세계 최대 규모의 헤지펀드인 브리지워터 어소시에이츠(Bridgewater Associates)의 수장인 레이 달리오는 이 포트폴리오로 과거 40년 동안 단 4번의 해를 제외하고 모두 수익을 내서 그 안정성을 증명했습니다. 심지어 서브

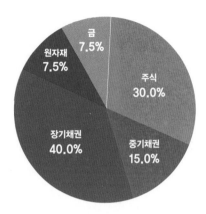

■ 올웨더 포트폴리오 ■

금 7.5%

원자재 7.5%

주식 30.0%

장기채권 40.0%

중기채권 15.0%

프라임 모기지 사태로 시장 변동성이 컸던 2008년도에도 14%의 수익률을 달성했습니다.

레이 달리오의 올웨더 포트폴리오는 위의 그림과 같이 주식 30%, 중기채권 15%, 장기채권 40%, 원자재 7.5%, 금 7.5%의 비율을 정해 자산을 배분합니다. 얼마가 생기든 매월 일정 금액을 이 비율대로 투자하는 것이죠. 여기서 채권을 장기채권과 중기채권을 구분하는 이유는 장기채권이 중기채권보다 위험성이 높기 때문입니다.

올웨더 포트폴리오는 우수한 투자 방식입니다. 실제로 이 포트폴리오를 응용해서 따라 하는 국내 투자자들도 많지요. 하지만 올웨더 포트폴리오는 미국 시장에 맞춰져 있습니다. 달러와 원화라는 환의 차이나 시장 안정성에 있어서 국내 시장은 미국과는 차이가 있기 때문에 국내 환경에 맞는 자산배분 구성이 필요합니다. 미국시장만을 활용해 투자할 것이 아니라면 말이죠.

국내 투자 환경을 고려하여 구성한다면 어떻게 자산배분 전략을 짜는 것이 좋을까요?

박곰희가 추천하는
자산배분 전략

국내 환경을 고려해서 자산배분 투자를 하려면, 먼저 자산배분의 범주를 나누어야 합니다. 박곰희가 추천하는 자산배분의 범주는 다음과 같습니다.

■ 자산배분의 범주 ■

①현금자산 ②안전자산 ③배당자산 ④투자자산

'현금자산'에는 비상금이나 여유 자금, 지출이 예정된 목돈 등을 담습니다.

'안전자산'에는 위기에 강해지는 금과 달러, 이자를 꼬박꼬박 받을 수 있는 채권이 포함됩니다. 안전자산은 시장이 좋을 때는 크게 상승하지 않지만, 경제 위기 상황이 발생하는 것에 대비하는 자산입니다.

'배당자산'은 현금흐름을 높이는 자산입니다. 배당자산은 제가 이름 붙였는데, 모으기만 하는 것이 아니라 배당으로 현금을 받아보면서 투자의 재미를 느끼게 하는 자산이죠. 배당주나 리츠가 여기에 해당합니다. 둘 다 주식시장에 상장된 주식의 일종이지만, 특색이 있기 때문에 일반 주식과는 구분해서 알아두면 유용합니다.

마지막으로 '투자자산'은 위험성이 가장 높은 상품입니다. 바로 주식이죠. 주식은 국내주식과 해외주식으로 나뉠 수 있습니다. 이렇게 구분하는 것은 국가분산을 해서 국내에서 일어나는 이슈로 인한 하락의 위험성을 줄이기 위함입니다.

이렇게 자산배분의 범주를 나누고 여기에 각각의 비율을 정합니다. 포트폴리오를 구성하는 것이죠. 박곰희의 자산배분 포트폴리오는 다음과 같습니다.

현금자산 5%
안전자산 60%
배당자산 15%
투자자산 20%

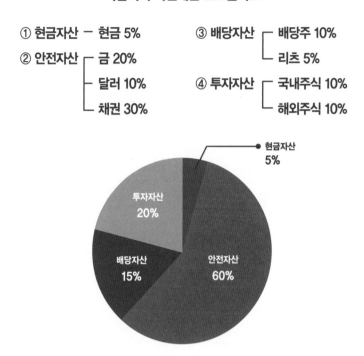

■ 박곰희의 자산배분 포트폴리오 ■

① 현금자산 ─ 현금 5%

② 안전자산 ┌ 금 20%
　　　　　　├ 달러 10%
　　　　　　└ 채권 30%

③ 배당자산 ┌ 배당주 10%
　　　　　　└ 리츠 5%

④ 투자자산 ┌ 국내주식 10%
　　　　　　└ 해외주식 10%

현금자산
5%

투자자산
20%

배당자산
15%

안전자산
60%

　이런 식으로 자산배분 포트폴리오의 비율을 정합니다. 매월 100만 원씩 투자한다고 가정할 때, 해당 비율만큼 자산을 담는 것입니다. 현금에 5만 원, 채권에 30만 원, 금과 달러에 30만 원, 배당주나 리츠에 15만 원, 주식에 20만 원이 되겠죠. 매달 이 비율로 나누어 담습니다. 목돈이 필요한 일이 생겨도 매도하지 않고 최대한 오래 가져간다는 생각으로 모으는 것입니다. 모으는 기간이 길어질수록 더 큰 복리효과를 볼 수 있기 때문입니다.

사실 어떤 비율로 포트폴리오를 구성하는지는 크게 중요하지 않습니다. '박곰희의 자산배분 포트폴리오'도 하나의 예시일 뿐입니다. 소위 자산배분에 황금비율이 있다는 생각은 하지 않는 것이 좋습니다. 숫자에 연연할 필요가 없다는 뜻입니다. 모험을 더 해보고 싶다면 주식의 비율을 높여서 포트폴리오를 짜도 괜찮습니다.

자산배분은 답이 있는 공식이 아닙니다. 비율이 틀어진다고 큰일이 나는 것도 아니고요. 어떤 비율이든지 다양한 자산이 섞여 있다면 장기적으로 유의미한 수익률을 만들 수 있습니다. 중요한 것은 '나의 포트폴리오를 흔들림 없이 지킬 수 있는가?' 하는 마음가짐입니다.

자산배분을 활용한 장기투자는 가장 높은 확률로 수익을 가져다줍니다. 잃지 않는 투자를 가능하게 하는 것이죠. 자산배분은 당장 몇 년 후에 집을 사기 위한 투자가 아닙니다. 그럴 때는 다른 투자와 병행해야 합니다. 자산배분의 목표는 장기적인 관점에서 자산을 만들기에 가장 유리한 방법입니다.

우리는 흔히 주식 관련 광고나 글에서 '주식으로 100억 자산가가 되다' '3개월 만에 수익 1,000%'와 같은 문장을 보게 됩니다. 물론 매우 공격적으로 투자하고, 투자하는 족족 운이 따른다면 이런 결과를 만들어낼 수 있습니다. 하지만 누구에게나 적용 가능한 방법은 아닙니다. 그리고 이런 문구들이 오히려 '저 정도는 나와야 제대로 투자하는 건가?' '연 7%를 목표로 투자하는 것은 너무 낮은 목표일까?' 등의 잘못된 인식을 심어줍니다. 자산배분으로 좀 더 많은 사람들이 '자산을 만들기 위한 멀리 보는 투자'를 하길 바랍니다.

| 자산배분 장점 1 |
상승장, 하락장에 흔들림이 적다

자산배분을 해보지 않은 사람들은 이런 의문을 가집니다. '얼마 안 되는 돈인데 이걸 쪼개서 넣는 것보다 한곳에 투자하는 편이 더 높은 수익률을 내지 않을까?' 그런가 하면 자산배분을 해본 사람들은 이런 의문을 가집니다. '주식 말고 나머지 자산들은 움직임이 적은데, 이게 맞는 걸까?'

자산배분의 진짜 가치는 시장에 위기가 생겼을 때 발휘됩니다. 특히 큰 하락이 생겼을 때 자산배분을 한 사람과 그렇지 않은 사람의 시장 대응력은 엄청나게 벌어집니다. 그리고 이 차이가 누적되면 결국 자산배분을 한 사람들이 더 높은 장기 수익률을 얻게 됩니다.

자산배분은 결국 '투자 리스크를 배분하는 것'입니다. 투자하는 데 있어 손실을 단 한 번도 보지 않을 수는 없습니다. 다양한 자산에 투자하다 보면 중간중간 손실을 보는 일이 생기기 마련입니다. 그럼에도 투자를 해야 하는 이유는 장기적으로 더 큰 이득을 볼 것이라 기대하기 때문이죠.

　특히 주식투자는 -10%, -20% 심하면 -50%의 손실이 날 수도 있습니다. 자산배분이 되어 있다면 이런 큰 손실에도 다른 자산들을 의지하며 손실이 난 것이 회복될 때까지 견딜 수 있습니다. 전체 포트폴리오에서 손실이 난 자산의 비중이 10% 정도라면, 수익이 나는 나머지 자산으로 인해 방어력이 생기기 때문입니다.

　자산배분을 할 때는 보통 주식의 비중이 전체 포트폴리오의 절반을 넘지 않도록 합니다. 그래서 코로나19와 같은 시장 위기에도 자산배분을 해놓은 사람들은 주식에만 투자한 사람들에 비해 손실이 크지 않았습니다.

　제가 증권사에 입사한 해에는 금리가 계속 떨어지는 시기였습니다. 채권 수익률이 매우 높았죠. 반대로 주식은 '박스피'라는 별명이 붙을 정도로 좀처럼 수익을 내기 어려웠습니다. 시간이 지나 금리가 떨어질 대로 떨어지면서 채권의 시대가 가고 중국 관련주가 뜨면서 코스닥이 날아다니기 시작합니다. 그러고는 '한미약품'으로 인해 바이오 관련 주식들이 엄청난 테마를 탑니다. 조금 지나서는 해외의 부동산 투자가 좋았고, 어느 순간부터는 미국주식이 가장 좋은 투자처로 이어지고 있습니다.

이처럼 다양한 자산들이 저마다 전성기를 누리는 주기가 있습니다. 이 주기는 계속해서 변하죠. 지금의 시장은 너무 미국만 바라보는 경향이 있는데, 코스닥의 시대가 다시 올 수도 있고, 지금은 관심에서 밀려난 베트남, 인도, 브라질 등에서 수익률을 얻을 기회가 다시 올 수도 있습니다. 하지만 언제 돌아올지는 아무도 모릅니다. 우리가 저지르는 실수는 자신이 그 시기를 맞출 수 있다고 자신하는 데서 벌어집니다.

자산배분은 '그 시기를 맞출 수 없다'라는 전제에서 시작합니다. 어디가 오를지 예측하기 위해서는 엄청난 시간을 들여 시장을 분석해야 합니다. 평범한 개인이 투자에 절대적인 시간을 쏟기란 어려운 일이지요. 수많은 정보를 가지고 분석하는 전문가들도 맞추지 못하는 미래를 우리가 맞추려고 노력하는 것은 부질없는 일입니다.

| 자산배분 장점 2 |
효율적인 투자가 가능하다

본업이 따로 있는 투자자들이 투자할 때 현실적으로 고려해야 할
점은 무엇일까요?

- 내가 스스로 결정하는 투자인가?
- 분석에 많은 시간을 들이지 않아도 되는가?
- 일상생활을 유지하면서도 따라 할 수 있는가?
- 어느 시점에 적용해도 비슷한 결과를 기대할 수 있는가?
- 일반적인 투자보다 더 큰 비용이 발생하지는 않는가?

자산배분 투자는 앞의 모든 조건에 부합합니다. 더 많은 시간과 노력을 들일 수 있다면, 혹은 단기간에 높은 수익률을 추구한다면 자산배분이 아닌 다른 방법을 택해야 할 것입니다. 하지만 안정적으로 자산을 모으고, 평생 써먹을 투자 습관을 기르고 싶다면 자산배분만이 답입니다.

특히 근로시간이 정해져 있어 현실적으로 투자에 많은 시간을 들이지 못하는 직장인들에게는 자산배분이 가장 적합합니다. 그런 분들에게 투자는 부업입니다. 부업 때문에 본업이 망가져서는 안 되지요. 투자라는 것이 내가 생각하는 것만큼 디테일하고 면밀하게 관리되기가 어렵습니다. 변화에 기민하게 대처하기도 어렵고요. 투자금을 자산배분해두면 나의 일상이 망가지지 않습니다.

만약 여러분들이 평생 모은 돈을 모두 주식에만 넣는다면 어떨까요? 주식시장이 열리는 시간이면 손에서 절대 스마트폰을 놓지 못하고 빨간색과 파란색 지표에 일희일비하게 될 것입니다. 이것은 투자가 전업이었던 제가 경험한 일입니다. 전 재산을 머리에 이고 위태로운 외줄 타기를 하는 것과 같은 기분이 들지요.

하지만 자산배분으로 튼튼한 투자 포트폴리오를 만들어 놓는다면 크게 걱정할 필요가 없습니다. 자산배분 투자자에게 기민한 대처라고 부를 만큼 촌각을 다투는 매매는 없기 때문이죠. 쭉 깔아놓고 정해진 날에 오르는 것만 수익 실현하고 리밸런싱하면 됩니다.

우리는 미래에 풍족하기 위해 투자를 합니다. 하지만 그렇다고 해서 투자가 현재를 힘들게 해서는 안 됩니다. 종일 책상에 앉아 차트를 보고, 기업 리포트를 읽고, 트레이딩 기술을 배우는 것은 전업투자자에게나 가능합니다. 자산배분 투자에서 이런 것들은 몰라도 괜찮습니다. 투자는 어디까지나 부업이라는 생각으로, 본업에 열중하는 것이 오히려 더 현명한 투자자의 모습이 아닐까요?

| 자산배분 장점 3 |
깨지면 안 되는 목돈을 굴리기에 좋다

자산배분이라는 전략 자체는 목돈을 굴리기 위함입니다. 그리고 이 목돈의 액수는 저마다 다릅니다. 누군가에겐 1억 원 또는 1,000만 원이 목돈이지만, 또 다른 누군가에겐 100만 원이 목돈일 수 있습니다. 금액은 다르더라도 목돈에는 '잃으면 안 되는 돈'이라는 공통점이 있지요.

깨져서는 안 되는 돈 = 자산배분

수많은 개인투자자의 돈을 모아 굴리는 펀드매니저들도 마찬가지입니다. 그들은 클릭 한 번에 수십, 수억 원이 왔다 갔다 할 만큼 큰 액수의 돈을 운용합니다. 관리하는 자산이 워낙 크기 때문에 배분 비율을 정해놓고 그중 일부만을 주식으로 굴립니다. 우리나라뿐만 아니라 미국 월스트리트의 유명한 헤지펀드 매니저들도 이 자산배분 전략을 사용합니다.

목돈이 아직 없다고 생각하는 20대들도 자산배분을 해야 합니다. 스노우볼 효과 때문입니다. 평생 굴려 갈 생각으로 일찍 시작하는 것이 유리합니다. 목돈 굴리는 연습을 소액으로 시작하는 겁니다. 아르바이트를 해서 30만 원이 생기면 정해둔 비율대로 사서 담아놓고, 명절에 용돈을 받거나 장학금을 타면 또 이 비율대로 사 모으는 것이죠. 나중에 결혼자금이나 전세금 등 목돈이 필요한 상황에서도 이 돈은 깨지 말고 최대한 오래 가지고 가야 합니다. 복리효과로 시간이 길어질수록 무조건 좋은 성과가 나오기 때문입니다.

정해진 비율로 자산배분을 하되 이 중에서 어떤 종목으로 비중을 채울지에 대한 고민만 하면 됩니다. 이런 식으로 쭉쭉 모은다면 10년이 지날 즈음엔 아마 주변의 누구보다 투자자산이 많은 사람이 되어 있을 겁니다. 투자로 스트레스 받을 일도 많지 않을 거고요. 3, 40대도 마찬가지입니다. 매월 일정 금액을 자산배분으로 투자한다면 10년, 20년 후에는 분명 생각보다 큰돈이 되어 있을 겁니다.

여러분이 자산배분으로 장기투자를 하다 보면 시장에 조정이나 큰 하락이 찾아오기도 할 것입니다. 그럴 때마다 자산배분을 해놓은 포트폴리오를 보면서 남들보다 훨씬 방어가 잘되어 있다는 사실에 만족하게 될 것입니다.

✦ 자산배분을 활용한 다양한 전략들 ✦

앞에서 소개한 올웨더 포트폴리오 외에도 활용할 수 있는 다양한 자산배분 전략들이 있습니다. 어떤 전략들이 있는지 간단하게 살펴볼까요?

❶ 지구와 달 전략

자산배분을 활용한 첫 번째 전략은 'core-satellite'입니다. 저는 '지구와 달 전략'으로 이름 붙여보았습니다. 이 전략은 자산배분에서 전통적으로 많이 해오고 있는 방식입니다. 자산을 안정적인 것과 공격적인 것으로 나눠서 비중을 바꿔가며 운용하는 전략이지요.

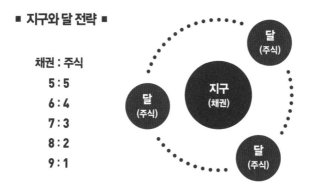

■ 지구와 달 전략 ■

채권 : 주식
5 : 5
6 : 4
7 : 3
8 : 2
9 : 1

앞의 그림과 같이 채권과 주식을 일정 비율로 나누어 투자하는 것이 '지구와 달 전략'입니다. 안전한 채권에 일정 금액을 넣어서 안정성을 확보한 뒤 나머지 일부를 공격적인 주식에 투자하는 것이죠. 채권 대신 '현금' 혹은 '부동산'으로 대체하기도 하고, ETF를 활용해서 채권과 주식을 운용하기도 합니다.

주식투자만 하고 있다는 사람들도 알고 보면 '부동산과 주식'이라는 지구와 달 전략을 구사하고 있는 경우가 많습니다. 부동산이라는 안전자산이 담보되지 않는다면 주식에 올인하는 투자는 위험성이 크기 때문입니다.

지구와 달 전략은 엄밀히 말하면 자산배분의 효과를 누리겠다는 것보다 주식 비중이 50%를 넘지 않도록 하겠다는 것이 가장 중요한 목적이라고 할 수 있습니다.

❷ 두 집 살림 전략

'두 집 살림 전략'은 자산군 두 가지를 정해놓고 시장의 상황과 본인의 판단을 곁들여 100%의 자산을 왔다 갔다 옮기는 방식입니다. 엄밀히 말하면 자산들의 상관관계를 활용하는 것이 아닌 트레이딩 전략에 가깝습니다.

예를 들어 채권ETF 하나와 주식ETF 하나를 정해놓고 시장이 안 좋으면 주식ETF를 사서 수익을 내다가 어느 정도 시장이 좋아지면 채권ETF로 갈아타서 채권 이자를 받는 것이죠. 또 시장이 어느 정도 조정을 받는다는 생각이 들면 다시 주식ETF로 갈아타는 방식입니다.

보통 주식을 100%의 비중으로 투자하는 투자자들이 수익을 실현한 후에 현금 상태로 보유하고 기다리다가 다시 주식을 매수하는 것도 '두 집 살림 전략'에 해당합니다. 일정 비율을 정해놓고 매수하는 방식과는 달리 주식시장에 진입하기 위한 마켓 타이밍을 스스로 정해야 한다는 점에서 매우 적극적인 전략입니다.

예전에는 증권사에 이런 전략을 구사하는 랩어카운트◆가 많았습니다. 상품으로 구현할 때는 이런 매매의 기준을 개인의 판단에 맡길 수 없기 때문에 수많은 '신호'를 주는 기준을 정해둡니다. 경제성장률, 금리, 유가, 환율, 해외증시 등 시장의 주요 변수들을 모두 알고리즘화하고 일정 기준에 도달하면 주식을 모두 매수했다가 후에 다시 매도 신호가 나오면 모두 매도해 채권으로 피해 있는 식의 전략입니다. 지금은 단순히 주식시장에 진입하고 나와야 한다는 신호를 넘어, 최적의 자산배분 포트폴리오를 유지하는 신호를 보내줄 정도로 고도화되고 있습니다.

이 전략을 제대로 구현하기 위해서는 빅데이터를 기반으로 데이터를 해석하고 신호를 보내주는 알고리즘의 역량이 중요합니다. 퀀트나

◆　　랩어카운트(Wrap Account) : 고객이 예탁한 재산에 대해 증권회사의 금융자산관리사가 고객의 투자 성향에 따라 적절한 운용 배분과 투자 종목 추천 등의 서비스를 제공하고 그 대가로 일정률의 수수료를 받는 상품.

AI를 기반으로 하는 트레이더들이나 스타트업들이 이런 '신호'의 정확성을 높이고 상품화하기 위해 연구하고 있습니다. 지금은 더 나아가 AI의 도움을 받아 자산을 관리하는 '로보어드바이저(Robo Advisor)' 기반의 서비스가 많이 나오고 있습니다.

❸ 영구 포트폴리오

'영구 포트폴리오'라니 이름이 재밌지 않나요? 여기서 '영구'는 영어로 'permanent' 즉, 불변한다는 뜻입니다. 이걸 번역하다 보니 '영구'가 되었네요. 한마디로 변화가 필요 없는 포트폴리오라는 뜻입니다. 물론 정기적인 리밸런싱은 해야 하고요.

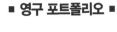

■ 영구 포트폴리오 ■

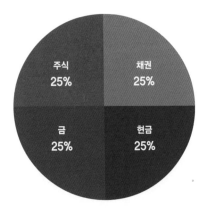

영구 포트폴리오의 자산배분 비중은 간단합니다. 자산배분의 4요소인 주식, 채권, 금, 현금을 각각 25%씩 나누는 방법입니다.

이렇게 4가지 자산을 똑같은 비율로 구성한 것이 '영구 포트폴리오'입니다. 비율이 일정하기 때문에 따라 하기가 쉬우면서 필수적인 요소를 모두 포함하고 있는 것이 장점입니다.

많은 사람들이 유명한 포트폴리오들을 따라 하다가 본인만의 포트폴리오를 만들어서 운용하지만, 그 비율을 항상 기억하면서 관리하기란 어렵습니다. 그런 점에서 영구 포트폴리오는 4가지의 자산 비율이 동일하기 때문에 쉽고, 꼭 필요한 4가지의 자산들이 들어 있어서 상당히 좋은 수익률과 낮은 변동성을 보여줍니다.

chapter 4

자산배분
투자 원칙

제로금리시대의 투자, 자산배분이답이다

예측 불가능한 시장에서 자산배분 투자자들이 반드시 지켜야 할 투자 원칙이 있다면 무엇일까요? 여기에서는 그에 대한 이야기를 해볼까 합니다.

어떤 종목이 언제 얼마만큼 오르고 내릴지 예측할 수 없기에 우리는 변화 방향이 다른 자산에 배분하는 투자를 해야 합니다. 주식이 하락하면 채권의 가치가 오르고, 주식이 상승하면 채권의 가치는 하락하는 시장을 믿고 자산을 배분해야 한다는 뜻입니다.

어떤 시장 상황에서도 수익 실현이 가능한 포트폴리오를 짜는 법을 익히고, 투자 비율을 지키려 노력하고, 시장의 급변에도 휩쓸리지 않고 비율에 맞게 리밸런싱해야 합니다. 단기적으로는 예측 불가능한 시장이지만 장기적으로 우상향할 것이라는 큰 그림으로 10년 이상 장기투자하는 전략을 세워야 합니다. 그럴 때 우리의 소중한 자산을 지킬 수 있으며, 안전하고 행복한 노후를 꿈꿀 수 있습니다.

| 원칙 1 |
변화 방향이 다른 자산에 투자하라

자산배분의 가장 큰 장점은 시장이 폭락할 때 두드러지게 나타납니다. 모두가 크게 잃을 때도, 나는 잃지 않는다는 것이죠. 대한민국 국민이라면 1997년의 외환위기 사태를 기억하실 겁니다. 다음 차트에서 대한민국이 국가 부도의 위기를 맞은 1997년 당시의 주가를 살펴볼까요?

1997년 7월 800선을 유지하던 종합주가지수는 IMF로 4개월 만에 300선까지 폭락했습니다. 기술적 반등으로 1997년 말부터 1998년 초까지 저점 대비 68% 상승했지만, 반등세에 시장을 믿고 주식을 매수한 투자자들은 다시 한 번 폭락장에 휩쓸리고 말았죠.

■ 국내 주가지수 추이(1993~2017년) ■

출처 : 한국은행 경제통계시스템

2008년 글로벌 금융위기 때의 주가도 거의 비슷한 움직임을 보입니다. 고점(2064)에서 1574까지 밀린 뒤 일시적 반등으로 1888선까지 올랐지만, 이후 다시 바닥을 모를 정도로 폭락합니다.

당시 개별종목 주식에 올인했던 많은 투자자들이 파산했습니다. 상실감을 이기지 못해 목숨을 끊은 경우도 허다했죠. 만약 이때 자산을 배분해서 투자했다면 어떻게 되었을까요?

주식에서 손실을 본 만큼 다른 곳에서 수익을 내어 하락 폭을 견딜 수 있었을 것입니다. 이처럼 자산을 배분하는 가장 기본적인 방향은 이렇습니다.

서로 다른 방향으로 움직이는 자산들을 섞는 것

자산배분은 주식, 채권, 금, 원자재, 현금 등으로 나뉘며, 자산들의 가격은 '경기'와 '물가'에 의해 변동됩니다. 경기가 활황일 경우, 주가와 원자재의 가격이 오르면서 물가가 상승합니다. 반면 경기가 불황일 경우, 금리가 인하하고 채권의 가격이 상승하면서 물가가 하락합니다.

■ 자산별 지수 추이(1995~2020년) ■

출처 : Bloomberg, Infomax, 신한금융투자

이처럼 경기는 일정한 사이클이 있고, 그 사이클마다 움직이는 자산이 다릅니다. 수익률이 높아지는 자산이 달라지는 거죠. 따라서 지금 시장이 어느 국면에 있는지 정확히 파악할 수 없다면, 자산들을 반대 방향으로 조금씩 섞는 방법을 택하는 것이 가장 현명한 투자 전략입니다.

| 원칙 2 |
비율을 지키도록 노력하라

자산배분 투자를 시작하면, 얼마 지나지 않아 대부분 이렇게 질문합니다.

"지금 갖고 있는 자산 중에 금 시세가 많이 올랐는데, 이참에 파는 게 어떨까요?"

"주식이 너무 오른 것 같아서 추가 매입이 망설여져요."

"금리가 계속 올라갈 것 같은데 지금 채권을 사는 게 맞을까요?"

어찌 보면 당연한 질문들입니다. 급변하는 경제 지표들을 확인하다 보면 그 상황에 맞게 포트폴리오의 비율을 다시 짜고 싶은 생각이 들 수밖에 없죠.

바로 여기에 함정이 있습니다. 이런 질문 속에는 개인이 예상하는 '미래 전망'이 녹아 있기 때문입니다. 그러나 자산배분 투자의 목적을 다시 한 번 상기할 필요가 있습니다.

자산배분은 미래 전망을 맞출 수 없다는 것을 전제한다.

만약 투자자 A가 5만 원에 매입한 금값이 최근 급격히 치솟아 7만 원대가 됐다고 가정해볼까요? 매월 일정액을 투자하는 A의 입장에서는 기존의 포트폴리오대로 금을 사기가 망설여집니다. 그러고는 마음 속에 이런 전망이 싹트게 되죠.

'지금은 급등해서 7만 원대까지 치솟았지만, 다시 떨어져서 5만 원대로 가지는 않을까?'

'지금 금 매입은 중단하고 떨어졌을 때 다시 매입하는 게 현명하지 않을까?'

한마디로 개인의 전망이 끼어드는 것입니다. 하지만 금값의 미래는 개인이 맞출 수 없습니다. 단기적으로는 어느 정도 맞출 수 있어도, 장기적인 변동을 맞춘다는 것은 불가능합니다. 실제로 A가 금을 팔고 싶어 고민할 때, 다른 투자자 B는 전혀 다른 생각을 할 수 있습니다.

'7만 원까지 빠르게 올라왔으니 앞으로 한참 더 오를 거야.'

'화폐 가치가 갈수록 하락하고 있으니 금값은 앞으로도 한동안은

꾸준히 오를 거야.'

'주식시장에 큰 하락이 있을 것 같으니 자산의 일부는 금을 계속 사서 채워놓아야지.'

A가 오른 금값에 부담스러워할 때, B는 사야 할 이유를 전망하며 금을 더 매입하려고 생각할 수 있습니다.

이처럼 매수, 매도 타이밍을 예측하거나 가격을 전망하게 되면 자산배분의 전략과 부딪히게 됩니다. 그렇다면 급변하는 시장 상황에서 자산배분 투자자는 어떻게 투자를 진행해야 할까요?

분할매수로 비율을 맞춰라

자산배분 투자에서 비율을 맞추는 것은 무엇보다 중요합니다. 따라서 비정상적인 급등장, 급락장에서는 포트폴리오에서 정한 비율대로 매수하되, '분할매수'하는 것이 가장 효과적입니다. 가격이 일시적으로 급등락한 자산에 대한 두려움을 분할매수의 방법으로 낮출 수 있다는 뜻이죠.

만약 ○○전자의 주식을 매달 50만 원씩 정해진 날 매수한다고 가정해보겠습니다. 첫 달에 주가가 5만 원이라면 10주를 사게 됩니다. 그런데 다음 달 가격이 상승해 10만 원이 되면 우리는 여전히 50만 원을 투자할 수 있기에 5주를 사게 됩니다. 그리고 다음 달에 가격이 하

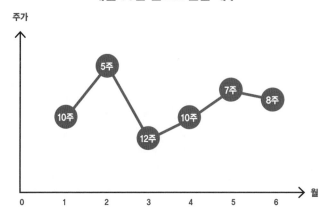

■ 매월 50만 원으로 분할 매수 ■

락해 4만 원이 되면, 이번엔 12주를 매수할 수 있게 됩니다. 정리하면, 주가가 상승해 가격이 높아지면, 가격이 비싸니까 '적게' 사면 됩니다. 반면, 주가가 하락해 가격이 낮아지면, '많은' 수량의 주식을 적극적으로 저가 매수합니다.

이처럼 자산배분 투자는 수량이 아닌 가격을 기준으로 한 '명확한 비율'대로 투자를 지속하는 것입니다. 여러 자산군을 '일정한 금액'과 '일정한 비율'에 근거해 매달 매수하기 때문에 리스크 관리도 함께하면서 자산을 모을 수 있게 되는 것입니다.

| 원칙 3 |
주기적으로 리밸런싱하라

자산배분 비율을 일정하게 맞춰야 한다는 것은, 시장 상황에 따라 내 자산의 비율이 계속 바뀌기 때문입니다. 예를 들어 2019년 말에서 2020년 초, 코로나19 사태가 터졌을 때의 초기 시장 상황을 살펴볼까요?

투자자 A의 포트폴리오(주식 25%, 채권 25%, 금 25%, 현금 25%)는 코로나 사태로 인해 비율이 달라지게 됩니다. 그리고 이 비율은 매월 일정한 금액을 꾸준히 투자할수록 그대로 유지되거나, 더 가파르게 바뀌게 됩니다.

이때 필요한 것이 리밸런싱입니다. 자산을 재분배하는 것이지요.

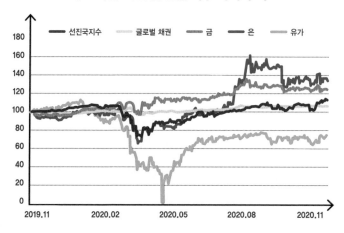

■ 주요자산 2019년 11월 이후 가격 추이 ■

출처 : Bloomberg, Infomax, 신한금융투자

다시 말하면 '내가 가지고 있는 자산들의 비중을 원래대로 되돌려 놓는다'는 의미로 이해하면 됩니다.

자산배분 투자자는 리밸런싱을 통해 '수익 실현'과 '추가 매수'가 가능해집니다. 투자자 A의 사례처럼 비율을 맞춰 포트폴리오를 구성해도 시장 변동으로 인해 일부 자산은 가격이 오르고, 일부 자산은 하락하게 됩니다. 그러다 보면 25%의 비율로 맞춰 놓은 포트폴리오의 비율이 제각각 달라지게 되죠.

이때 매월 투자하는 금액 중에서 더 많은 몫을 하락한 자산에 투입해 어느 정도 자산 비율을 맞추는 것도 가능하지만, 소액일 경우 급등과 급락의 시장 속에서 비율을 맞추는 것은 현실적으로 쉽지 않습니다.

리밸런싱, 정기와 수시로 나눠서 하라

그렇다면 자산 비율을 맞추기 위한 리밸런싱은 언제 해야 할까요? 시장은 매일매일 바뀌니 리밸런싱도 매일같이 해야 할까요?

그렇지 않습니다. 제가 현실적으로 추천하는 횟수는 연 1회입니다. 1년 중 하루를 '정기 리밸런싱'을 하는 날로 고정해두는 것이죠. 그러나 연 1회의 정기적인 리밸런싱만 할 수는 없는 게 현실입니다. 어쨌든 시장은 생물처럼 변화하고 있으니까요. 따라서 시장에 큰 폭의 변화가 생겼을 때는 '수시 리밸런싱'을 진행하는 것이 좋습니다.

코로나19 사태로 주식시장이 급락했을 때를 다시 떠올려볼까요? 주식시장이 급락하자, 저가 매수의 기회로 인식돼 장이 오히려 상승했지만, 초기에는 시장이 급락하자 개별종목 투자자들은 추가 손실을 피하기 위해 주식을 매도하기 바빴던 게 사실입니다. 하지만 이것은 순수 주식투자자들에게 해당되는 대응책일 뿐, 자산배분 투자자들은 다른 방식으로 대응하게 됩니다.

시장 하락 속에서 주식을 매도하기보다 비율을 맞추기 위해 오히려 저가 매수를 할 기회를 잡을 수 있다는 뜻입니다. 즉, 시장 하락의 깊이나 반등하는 타이밍을 예측하지 않더라도 자산 비율을 맞추는 행위 자체가 저가 매수의 기회가 될 수 있다는 것이죠. 이렇게 자산 비율을 조정하기 위한 '리밸런싱'은 결과적으로 '저가 매수'라는 결과를 가져오게 됩니다.

급격한 주식 하락

↓

포트폴리오에 주식 비중 축소

↓

수시 리밸런싱 실행

↓

주식 저가 매수

게다가 주식시장이 급락하면 주식을 제외한 다른 자산들의 비중이 높아지게 되니, 채권 등의 자산을 매도하여 주식을 추가 매수하는 리밸런싱을 할 수도 있게 됩니다.

급격한 주식 하락

↓

채권 상승으로 자산 비율 상승

↓

채권 매도 수익으로 주식 매수

채권과 같은 안전자산을 현금화한 후에 주식을 저가 매수하는 효과를 가질 수 있다는 뜻입니다.

이렇게 연 1회 정기 리밸런싱을 하고, 시장의 큰 변동에 따라 수시 리밸런싱을 하여 자산배분의 비율을 맞추면, 시장의 등락 속에서도 수익 실현이 가능해집니다.

| 원칙 4 |
시장 변화에 휩쓸리지 마라

자산배분 투자를 결정하고 실제로 운용하면서 투자자들이 겪게 되는 가장 큰 위기는 언제일까요? 짐작하겠지만, 주식시장이 급등락 양상을 보일 때입니다.

앞서 거듭 강조했지만, 자산배분 투자에도 당연히 '주식 자산'이 포함됩니다. 그리고 이 주식 자산은 다른 안전자산보다 변동성이 클 수밖에 없고, 자연히 투자자의 욕구를 자극하게 됩니다. 주식이 상승하면 빨리 매도해서 수익을 보고 싶은 욕구가, 반대로 하락하면 당장이라도 매도해서 손실을 제한하고 싶은 욕구가 치솟을 수밖에 없죠.

하지만 자산배분 포트폴리오 속의 '주식' 비중은 다른 차원으로 생

각해야 합니다. 예를 들어 주식시장이 급등락했다는 이유로 주식을
전량 매도한다면 껍데기만 남은 자산배분 포트폴리오를 갖게 됩니다.

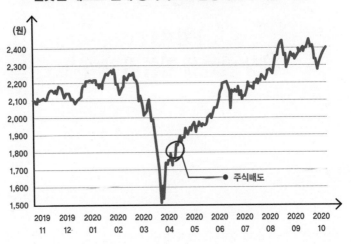

예를 들어 투자자 A는 바닥 대비 상당히 회복된 지점에서 해당 주
식을 전량 매도했습니다(실제로는 급락장에서 주식을 매도하는 경우가 훨씬 많
습니다). 따라서 매도 시점에는 손실을 보전해 다행이라고 생각할 수
있죠.

그러나 위처럼 매도하게 되면 일반적으로 '확실한 회복에 접어들었
다'라고 생각되는 6, 7월이 지나서 뒤늦게 매수를 진행하게 됩니다. 결
국, 가장 급격하게 회복이 이루어지는 과정에서 실현 가능했던 수익

을 모두 놓치게 되는 거죠. 하락은 그대로 맞고, 회복은 누리지 못하는 상황이 생기는 것입니다.

이처럼 자산배분 투자자들의 주식 매도는 단기적으로는 이득을 보지만, 장기적으로는 오히려 수익이 낮아지게 됩니다. 시장 상황에 따라 주식과 채권, 원자재, 현금 등이 골고루 수익률을 나눠 가질 수 있을 때, 자산은 장기적으로 꾸준한 수익률을 보여줍니다.

그럼에도 문제는 투자자의 욕망입니다. 투자는 어쨌든 통장에 적금하는 것과는 다른 차원이니까요. 인간이라면 급변하는 시장 상황에 휩쓸릴 수밖에 없습니다. 정직하게 말하면, 시장의 변화에 스스로 휩쓸리고 싶은 것이죠. 상승장에 올라타고 하락장에 탈출하는 투자의 짜릿함 말입니다.

이런 개인적이고 주관적인 투자 경향에서 벗어나기 위해서 제가 자산배분 투자자들에게 제시하는 방법은 다음과 같습니다.

자산배분 계좌와 개별 주식 계좌를 구분하라

주식시장에 휩쓸리지 않기 위해서는 자산배분을 하는 계좌와 주식 매수를 하는 계좌를 구분하는 것이 최선의 방법입니다.

이렇게 계좌를 나누면 주식시장의 급등락 때도 자산배분 포트폴리오는 최대한 그대로 유지하는 것이 가능합니다. 자산배분 계좌는 10년 이상 장기적으로 가져간다는 처음의 목표를 지키게 되는 것이죠.

주식이 크게 하락하면 '자산배분 계좌'는 리밸런싱을 선택할 수 있고, '개별 주식 계좌'는 투자금을 넣어 추가 매수하는 방법을 선택할 수 있습니다.

결과적으로 시장 하락을 기회로 활용할지의 여부 등은 언제든 열려 있는 개인의 선택 영역이지만, 자산배분 투자의 가장 기본적인 원칙은 '비율 고수'임을 다시 한 번 명심해야 합니다.

| 원칙 5 |
포트폴리오가 가장 중요하다

　자산배분 투자를 말할 때 반드시 언급해야 할 인물이 있습니다. 바로 전 세계 펀드매니저들이 "20세기에 워런 버핏이 있다면, 21세기에는 그가 있다"라고 말할 정도로 최고의 투자자로 불리는 레이 달리오입니다.

　레이 달리오는 워런 버핏조차 큰 손실을 보았던 2000년의 닷컴 버블과 2008년의 글로벌 금융위기를 예측해 수익을 낸 인물로 잘 알려져 있습니다. 그가 급락하는 시장에서 수익을 낼 수 있었던 투자 전략이 바로 자산배분 투자입니다.

　레이 달리오는 헤지펀드 브리지워터 어소시에이츠를 설립하면서 이제까지의 전통적인 포트폴리오 운용 방식으로는 경제 위기에서의 손실을 피할 수 없다는 사실을 발견했습니다. 어떤 상황에서도 수익 실현을 목표로 하는 헤지펀드로서는 반드시 해결책을 찾아야 하는 문제였죠.

이에 레이 달리오와 브리지워터는 경제 상황을 사계절로 분류해 '어떤 날씨에도 버틸 수 있는 포트폴리오'를 만들고, '올웨더 포트폴리오'라고 이름 붙였죠. 앞서 Chapter 3에서 간단하게 소개했습니다.

■ 자산 변동의 4계절 ■

1. 인플레이션 계절 : 금, TIPS(미국 물가 연동 국채)
2. 디플레이션 계절 : 주식, 미국 장기국채
3. 경제 성장 계절 : 주식, 채권, 상품 거래, 금
4. 경제 침체 계절 : 미국 장기국채, TIPS(미국 물가 연동 국채)

이처럼 레이 달리오는 어떤 경제 계절에서도 수익 실현이 가능한 포트폴리오를 구축하고, 그에 따라 다음과 같은 올시즌 포트폴리오 전략(올웨더 포트폴리오의 간소화 버전)을 구사했습니다.

■ 올시즌 포트폴리오 투자 비율 ■

1. 주식 : 30%

2. 채권 : 55% (미국 중기채 15% + 미국 장기채 40%)

3. 원자재 : 15% (금 7.5% + 상품 거래 7.5%)

실제로 레이 달리오의 포트폴리오 전략은 2000년 닷컴 버블과
2008년 글로벌 금융위기에서 수많은 펀드들이 자산을 잃을 때 수익을
낼 수 있었습니다. 주식이 크게 하락해도 채권과 금에서 손실을 만회
하고 이익까지 낸 것이죠.

■ 실제 올시즌 포트폴리오의 수익률 그래표 ■

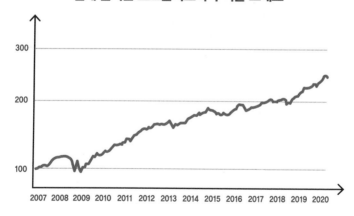

이는 토니 로빈스의 책《MONEY》에서 '올시즌 포트폴리오'와 미국의 주식시장의 대표지수인 'S&P500'의 시뮬레이션 결과를 비교한 것만 봐도 그 투자의 합리성을 명확케 합니다.

S&P Vs. 올시즌(75년의 역사)

출처 : 토니 로빈스, 《MONEY》

S&P	올시즌
75년 동안 S&P는 18번 돈을 잃었다.*	같은 기간 동안 올시즌 포트폴리오는 10번만 돈을 잃었다.(평균적으로는 10년에 1번보다 약간 많은 횟수)**
단일 최대 손실은 -43.3%였다.	단일 최대 손실은 -3.93%에 불과했다.
평균 손실은 -11.40%였다.	평균 손실은 -1.63%였다.

* 배당 재투자 포함.
** 손실이 난 10년 중 두 해의 손실은 0.03%였다(본질적으로는 이익도 손해도 나지 않은 셈이다. 따라서 현실적인 관점에서 보면 74년의 역사 동안 올시즌 포트폴리오는 단 8번만 손실이 났다).

장기적으로 자산의 가치가 상승한다고 가정하면 주식을 100% 매수한 후에 최대한 버티면 가장 높은 수익률을 올릴 수 있습니다. 하지만 '하락'에 초점을 맞춰 생각하면 손실이 -40%가 넘는 와중에도 주식을 그대로 유지할 수 있는 사람이 얼마나 될까요?

실제로 위의 시뮬레이션처럼 자산배분 포트폴리오의 위력은 100% 주식을 매수한 사람보다 하락을 잘 견딜 수 있음을 보여줍니다. 따라서 좋은 결과를 만들어내기 위해서는 엄격하게 포트폴리오의 비율을 지키며 장기간 투자해야 합니다.

오늘도 시장은 예측을 불허하는 전쟁터입니다. 이 요동치는 전장에서 꿋꿋이 지켜야 할 것은 바로 '나의 자산배분 포트폴리오'입니다.

| 원칙 6 |
효율적 시장 가설을 믿어라

2000년 세계적인 금융지 〈월스트리트저널〉에서 한 가지 재미있는 실험을 진행했습니다. 세계 경제의 중심지인 뉴욕 월스트리트의 펀드매니저와 아마추어 개인투자자, 그리고 동물원 원숭이의 1년 주식투자 수익률을 비교하는 실험이었죠.

펀드매니저는 최신 정보를 과학적인 방법으로 비교 분석해 최선의 포트폴리오를 짰습니다. 개인투자자 역시 자신의 능력껏 포트폴리오를 구성해 주식투자를 시작했죠. 원숭이 역시 최선을 다했습니다. 다트를 던져 투자할 종목을 찍었으니까요. 과연 수익률 실험의 승자는 누구였을까요?

■ 1년간 주식투자 수익률 ■

원숭이 : −2.7%

펀드매니저 : −13.4%

개인투자자 : −28.6%

놀랍게도 원숭이의 승리였습니다. 수익은 못 냈지만 가장 적게 잃은 것입니다. 최신 정보로 무장한 펀드매니저도 개인투자자도 원숭이에게 졌다는 뉴스는 투자자들을 당황하게 했습니다. 이후 영국에서도 고양이와 펀드매니저의 수익률 게임을 진행했고, 앵무새로도 실험했습니다. 결과는 고양이와 앵무새의 승리였죠.

이것이 바로 '개인은 시장을 이기지 못한다'는 '효율적 시장 가설'을 뒷받침하는 대표적인 사례로 자주 인용되는 실험입니다.

여기서 효율적인 시장이란 '정보가 주가에 이미 반영되어 있기 때문에 개인의 힘으로 플러스 요인을 만들어내기 힘들다'고 보는 시장을 말합니다. 우리는 주식투자를 하며 흔히 이렇게 말하고는 합니다.

"남들이 모르는 걸 찾아내지 않는 이상 주식으로 돈 벌기 힘들다."

바로 이 말 속에 효율적 시장을 추종하는 생각이 깔려 있는 것입니다. 실제로도 많은 통계 결과들이 '장기적으로 주식 전문가들은 인덱스를 이기지 못했음'을 증명해주고 있는데, 이와 같은 효율적 시장 가설은 그 효율성의 정도에 따라 3가지로 나뉩니다.

- **약한 효율성** : 과거의 통계치는 모두 주가에 반영되어 있어서, 이것을 활용한 투자는 초과수익을 낼 수 없다.
- **중간 효율성** : 기업 전망에 대한 자료도 공개된 것은 주가에 모두 반영되어 있어서, 이것을 활용한 투자는 초과수익을 낼 수 없다.
- **강한 효율성** : 모든 정보는 주가에 반영되어 있다. 심지어 내부자거래 등도 이미 반영되어 있다.

투자자들은 이 중에서 어떤 시각을 가지고 있느냐에 따라 자기만의 투자 스타일을 가지게 되는 것이죠.

효율적인 시장 가설 Vs. 가치투자

그럼에도 대부분의 투자자들은 여전히 워런 버핏처럼 시장보다 초과수익을 만들어내는 가치투자를 선망하고 투자를 시도합니다(저 역시 가치투자가 주식투자의 가장 이상적인 방법임에 동의하지만, 이 책을 통해 자산배분이라는 방법도 있다는 것을 말씀드리고 싶었습니다).

이것은 분명 시장이 효율적이지 못하다는 전제를 깔고 있는 투자 방식입니다. 가치투자란 100원짜리 가치를 지닌 물건이 시장에서 40원밖에 하지 않을 때, 즉 가치가 낮을 때 미리 구입해 미래의 가치를 획득하는 투자 전략이기 때문이죠. 분명 이런 가치투자는 시장이 효율적인 것만은 아니라는 방증임이 틀림없지만, 이와 같은 가치투자로 천문학적인 부를 일군 워런 버핏조차 "포트폴리오를 직접 짤 게 아니라면, 인덱스펀드를 사는 것이 최선이다"라고 말했습니다.

실제로 워런 버핏은 유언장에서 아내에게 "돈의 90%는 인덱스펀드를 사고 나머지 10%는 국채를 사라"라고 조언한 것으로 잘 알려져 있지요. 가치투자의 구루인 워런 버핏조차 효율적인 시장 가설, 즉 인덱스펀드에 대한 믿음을 보이고 있는 것입니다.

또한 워런 버핏은 2008년 헤지펀드사와 이에 대해 내기를 한 적도 있습니다. 버핏은 S&P500의 인덱스펀드에 헤지펀드사는 자사의 펀드에 투자해 10년간의 평균 수익률을 따진 것입니다. 승리는 워런 버핏이었습니다. 헤지펀드도 결국에는 시장의 평균 수익률을 따라가지 못했죠.

**장기적으로 성장할 개별 기업을 분석하고 찾아낼 수 없다면,
'시장 전체'를 사는 인덱스에 투자해야 한다.**

그렇다면 여러분은 가치투자와 인덱스펀드, 둘 중에 어떤 투자를 하고 싶은가요? 앞서 말한 대로 이것은 여러분이 각자 처한 상황이나 성향에 따라 달라질 수밖에 없습니다.

저는 투자자의 성향에 따라 크게 2가지 방법으로 조언합니다. 만약 투자자가 분석하기를 좋아하고 그런 기회를 찾아내는 것을 즐기는 치밀한 성격이라면 개별적인 주식 매수도 권합니다. 단 자산배분을 반드시 동시에 진행하면서 말이죠. 일반적인 자산배분 투자보다 주식에 좀 더 비율을 높여도 된다는 뜻입니다.

하지만 다수의 경우에는 시장 전체를 사서 담아놓으라고 조언합니다. 워런 버핏의 가치투자는 쉽게 따라 할 수 없지만, 시장 전체를 사는 것은 쉽게 따라 할 수 있기 때문이죠. 정리하면 투자를 앞둔 우리는 스스로에게 반드시 질문을 던져야 합니다.

"나는 가치투자가 가능할 만큼 정보 획득이 가능한가?"

반드시 투자에 앞서 이 질문에 충분히 답해야 합니다. 만약 그렇지 않다면, 워런 버핏이 말한 대로 개별종목에 골치 썩지 말고 당장 인덱스펀드를 사야 합니다. 시장은 성장한다는 믿음을 바탕으로!

10년 이상 바라보고 장기투자하라

우리나라 투자자들이 자산배분 투자를 꺼리는 이유 중 하나는 자산배분 투자가 장기투자를 기본으로 하기 때문입니다.

"장기투자? 그거 대한민국 실정에는 안 맞아. 실제로 몇 년 전에 들어갔던 사람들 다 마이너스야."

"우리나라에 장기적으로 투자할 수 있는 기업이 몇 곳이나 있는데?"

일단 우리 기업에 대한 불신이 큰 몫을 차지합니다. 아직 우리나라에는 100년이 넘은 기업을 찾기 힘들고, 앞으로 100년을 갈 기업도 얼마 없으리란 불안감 말이죠. 목돈을 묻어놨는데 어느 날 갑자기 기업이 쫄딱 망하면 어쩌느냐는 겁니다.

우리나라 기업들의 불투명한 경영도 원인 중 하나입니다. 한국 특유의 기업 집단인 재벌의 합리적이지 못한 경영 구조가 장기투자를 하기에는 위험하다는 의식을 갖게 합니다.

그런데, 이런 다양한 부정적 인식도 문제지만, 가장 크게 장기투자를 꺼리는 이유는 사실 다른 곳에 있지 않을까요?

"투자의 재미를 못 느끼잖아!"

네, 결국은 이것 때문이 아닐까 합니다. 투자가 '수익을 실현하기 위함'이라는 점에서 어찌 보면 당연한 심리입니다. 실현되지 않은 수익은 수익이 아니기 때문이죠. 그러니 장기투자보다 수익률이 곧바로 확인되는 단기투자가 마음을 사로잡을 수밖에요.

하지만 매매의 기술이 통하는 것은 단기적인 시장일 뿐이며, 그런 기술이 우리에게 가져다주는 것은 더는 커지지 않는 수익일 뿐입니다. 장기간 지속적으로 투자하지 못한다면 아무 의미가 없어지는 것입니다.

단기투자는 절대 장기투자를 이기지 못한다

주가의 변동성이 커질수록 투자자들의 주식 보유 의지는 그만큼 줄어들게 됩니다. 주가가 폭락하면 당장이라도 더 떨어지기 전에 팔아야 할 것 같기 때문이죠. 결국 손절매하는 경우가 대부분입니다. 주가가 상승할 때도 마찬가지입니다. 언제 떨어질지 모른다는 불안감에 결국 매도를 합니다. 주식투자가 멘탈 게임이라는 말이 과언이 아닌 것이죠. 결국 단기투자의 수익률은 한없이 제로에 가까워질 수밖에 없습니다. 매매 수수료로 증권사의 배만 불리는 셈입니다.

여러분이 월급쟁이로 자산을 모으고자 한다면 예측할 수 없는 단기투자 수익률에 목매지 말아야 합니다. 적금을 쌓듯 자산을 배분해서 장기투자해야 합니다. 그것이 여러분의 미래를 보장하는 가장 확실한 방법입니다.

실전! 자산배분 투자 따라 하기

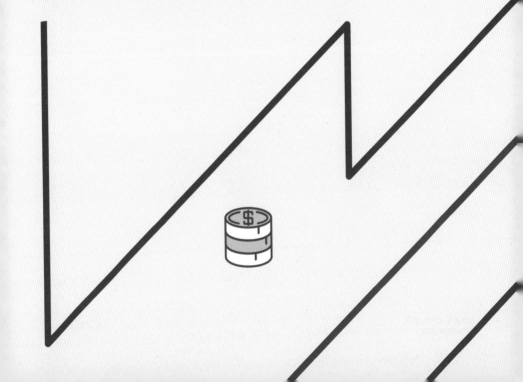

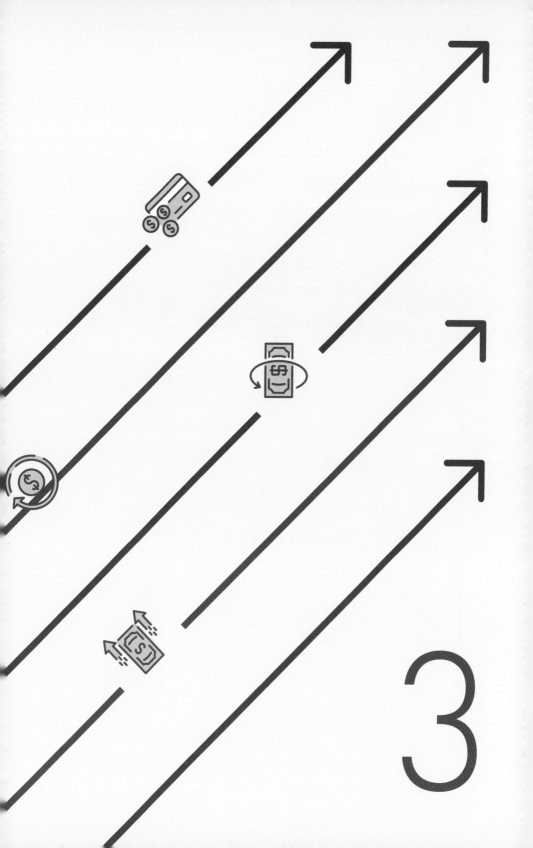

chapter 5

박곰희가 추천하는
자산배분의 5단계 공식

실전! 자산배분 투자 따라하기

자산배분을 본격적으로 시작하려면 어디에 어떻게 투자하면 좋을까요? 여기에서 소개하겠습니다.

먼저 '박곰희의 자산배분 포트폴리오'에서 설명한 현금자산, 안전자산, 배당자산, 투자자산에 각각 해당하는 상품을 자세하게 알아보겠습니다. 여기에 연금자산도 추가한 것이 '박곰희가 추천하는 자산배분의 5단계 공식'입니다.

박곰희의 자산배분 5단계 공식

- **1단계 | 현금자산 관리하기**
- **2단계 | 안전자산 관리하기**
- **3단계 | 배당자산 관리하기**
- **4단계 | 투자자산 관리하기**
- **5단계 | 연금자산 관리하기**

'박곰희가 추천하는 자산배분 5단계 공식'은 제가 현업에서 고객들의 자산을 관리할 때 직접 만들어 활용한 것입니다. 초보 투자자들도 쉽게 따라 할 수 있도록 증권사에 계좌를 개설하는 방법부터 채권, 주식, ETF 등 상품별 구매 방법도 함께 다루고 있으니 쉽게 따라 할 수 있으며, 공식을 익히는 데 도움이 될 것입니다.

| 1단계 |
현금자산 관리하기

혹시 '현금은 현금이지 무슨 관리가 필요할까'라고 생각하나요? 현금도 따로 관리가 필요합니다. 우리가 보통 현금을 어떻게 관리하는지 생각해볼까요? 일반적으로 당장 쓸 돈이 아니라면 은행 통장에 예금해두죠. 하지만 은행의 수시입출금 통장은 이자를 거의 주지 않습니다.

현명한 투자자라면 은행 예금보다 금리가 높은 CMA에 담아두거나 RP 또는 발행어음 상품을 이용해 현금자산을 좀 더 적극적으로 관리하는 것이 좋습니다. 그럼 지금부터 현금자산을 관리하기 위한 CMA, RP, 발행어음 등 각각의 상품 소개와 활용법을 알아볼까요?

CMA

- 포트폴리오에서 '현금'의 비중을 담아둘 때
- 결혼자금, 전세금 등 정해둔 날에 필요한 돈을 보관할 때
- 주식 매매를 하다가 현금이 남을 때
- 비상금을 현금으로 단기간 보관할 때

증권사에서 개설하는 수시입출금 통장을 CMA(Cash Management Account, 현금관리계좌)라고 부릅니다. 증권사에서 계좌를 개설한다고 해서 특별한 투자 활동을 하는 것은 아닙니다. 그저 계좌를 터서 돈을 넣고 그 돈으로 증권 상품을 사는 개념이지요.

CMA를 추천하는 이유는 은행보다 금리가 높기 때문입니다. 은행의 수시입출금 통장의 이자를 수치화한다면 연 0.1% 정도 됩니다. 증권사별로 다소 차이가 있긴 하지만, CMA는 일반적으로 연 0.15%~0.45%(2020년 11월 기준)를 줍니다. CMA가 일반 예금보다 몇 배나 높은 금리를 제공하는 것이죠. 물론 1년 전만 하더라도 CMA의 금리는 1.8% 수준(발행어음형의 경우)이었습니다. 그때는 이 정도 금리도 높지 않다고 생각했지만, 그 사이에 시중금리가 얼마나 많이 떨어졌는지 실감할 수 있는 대목입니다.

CMA의 또 다른 장점은 하루만 넣어둬도 하루치의 이자를 준다는

실전! 자산배분
투자 따라 하기

167

것입니다. 하루에 0.45%씩 주는 것이 아니라, 들어 있는 금액의 연 0.45%에 해당하는 이자의 하루치를 계산해서 매일 넣어줍니다. 우리나라에서는 모든 금리를 연이율로 환산해서 표기하기 때문에 하루가 아닌 연 0.45%라는 표기를 쓰는 것이죠.

그래서 CMA를 개설하고 현금을 넣으면, 현금의 끝자리 숫자가 매일 조금씩 바뀌면서 금액이 오르는 기분 좋은 경험을 할 수 있습니다. 그러면서도 기간에 얽매이지 않고 자유롭게 입출금이 가능합니다.

CMA 통장을 만드는 것은 투자를 시작하는 첫 단계입니다. 앞서 Chapter 2에서 계좌의 종류를 설명하면서 말한 것처럼 증권사를 통해 투자를 시작하려면 필수로 만들어야 하는 계좌가 CMA입니다. 요즘은 CMA와 투자 전용 계좌인 '위탁계좌'가 합쳐진 통장도 나오고 있어서 CMA를 만들어 돈을 보관하고 있다가 투자하기로 마음먹었을 때 곧바로 투자할 수 있습니다.

🔍TIP CMA 계좌 개설하기

스마트폰으로 개설하는 비대면계좌는 '다이렉트 계좌'라고 불리며, 직접 방문하여 만드는 계좌보다 수수료가 낮고 증권사에 따라 다양한 혜택을 받을 수 있습니다. 여기서는 예시로 삼성증권을 들어보겠습니다. 다른 증권사의 앱도 비슷한 구성으로 되어 있습니다.

❶ 증권사를 선택한다.

증권사를 선택할 땐 재무 안정성이 가장 중요하기 때문에 자기자본 규모를 살펴야 한다. 자기자본이 4조 원이 넘어가면 '초대형IB' 인가를 신청할 수 있기 때문에 계좌 개설을 고려해도 좋다.

| 대형 증권사 자기자본 순위 |||||
자본순위	증권사	'19. 03. 31	'20. 03. 31
1	미래에셋대우	8조1657	8조5076
2	NH투자증권	5조11	5조2171
3	한국투자증권	4조3681	4조8738
4	삼성증권	4조6131	4조7018
5	KB증권	4조4865	4조6241
6	신한금융투자	3조4092	4조2575
7	하나금융투자	3조2918	4조355
8	메리츠증권	3조3724	3조9687
9	키움증권	1조9676	1조9495
10	대신증권	1조8022	1조7760

출처 : 금융투자협회 / 단위 : 억 원

❷ 증권사 앱을 깔고 준비물 챙긴다.

스마트폰의 앱스토어에서 해당 증권사의 앱을 설치하고, 주민등록증과 본인 명의의 다른 금융기관 계좌번호를 준비한다.

❸ 개설할 계좌를 선택한다.

앱을 실행하면 계좌를 선택할 수 있는 화면이 나온다. CMA를 개설할 때 여러 개의 계좌를 동시에 개설하면 시간이 절약된다.

＊CMA와 함께 개설하면 좋은 계좌
1 | 투자 전용 계좌인 '위탁계좌'
2 | 노후준비를 위한 '연금저축 계좌'

❹ 기본 정보를 입력하고 신분증을 촬영한다.

계좌 개설을 위해 이름, 주민등록번호, 연락처 등의 기본 정보를 입력하고 본인인증을 한 뒤 지시에 따라 신분증을 촬영한다.

❺ 통보처를 지정한다.

증권사는 계좌 잔고나 주문 체결 내역, 입출금 거래 내역, 권리 발생 안내 등의 내용을 고객들에게 안내해야 한다.

계좌를 개설하면서 이런 통보를 어떤 수단으로 받을지 선택해야 하는데, '온라인 조회'를 추천한다. 잔고나 거래 내역을 확인하기 편리하고 보안상으로도 안전하다.

❻ ID와 비밀번호 설정한다.

온라인 거래를 위한 ID와 비밀번호를 만든다. 요즘은 ID를 따로 입력하지 않고 지문이나 얼굴 인식 등으로 인증하는 경우도 있다.

❼ 나의 직업 정보와 금융거래 목적을 입력한다.

금융거래를 시작할 때 증권사에서 의무적으로 확인해야 하는 사항들을 묻는 화면이다.

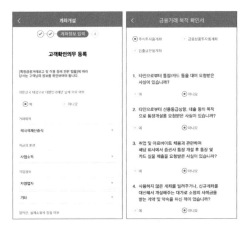

❽ 투자 성향을 파악한다.

증권업계는 고객의 투자 성향을 5단계로 분류하고 본인의 성향에 맞는 상품만 가입하도록 제한하고 있다. (주식 제외)

❾ 타 금융기관의 1원 송금을 확인한다.

도용을 방지하기 위한 보안 절차이다. 내 명의의 다른 금융기관 계좌번호를 입력하고, 증권사가 세 자리 숫자와 함께 1원을 이체하면, 그 숫자를 확인해 입력하면 된다.

❿ 계좌 개설 완료

RP

- 포트폴리오에서 '현금'의 비중을 담아둘 때
- 결혼자금, 전세금 등 정해둔 날에 필요한 돈을 보관할 때
- 주식 매매를 하다가 현금이 남을 때
- 비상금을 현금으로 장기간 보관할 때

RP(Repurchase Agreement, 환매조건부 채권)는 증권사에서 매수할 수 있는 가장 보수적인 투자 상품 중 하나입니다. RP는 주로 금융기관이 보유한 국공채나 특수채·신용우량채권 등을 담보로 발행하기 때문에 안정성이 높고 일정 기간 맡겨두면 증권사가 약속된 이자를 줍니다. 쉽게 말하면 은행의 예금과 비슷하죠. CMA도 비대면계좌의 경우, 대부분 'RP형 CMA'이기 때문에 CMA에 현금을 넣어두는 것만으로도 RP 매수가 시작되었다고 볼 수 있습니다.

하지만 CMA를 통한 것보다 RP를 직접 매수하는 것이 금리가 더 높습니다. 직접 주문을 내는 RP는 기간을 정하지 않고 언제든 입출금이 가능한 '자유약정형(수시형)'과 기간을 정하는 '약정형'으로 구분하고 있습니다. '약정형'이 더 높은 금리를 얻을 수 있지만, 해당 기간을 채우지 못하고 중간에 매도할 경우, 매우 낮은 이자를 지급하기 때문에 약정 기간을 최대한 지키는 것이 좋습니다.

🔍TIP RP 매수하는 방법

1 증권사 앱에서 '메뉴-금융상품-RP-RP 매매'의 순서로 진입한다.

2 RP의 기간과 이자율을 확인하고 매수 버튼을 누른다.

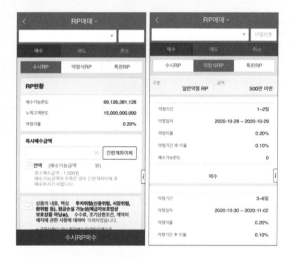

3 RP 매수 완료

* 이후 잔고에 '약정형RP' 등으로 표기되며 매도하기 전까지 출금되지 않는다.

발행어음

발행어음은 이렇게 활용합니다 ←

- 포트폴리오에서 '현금'의 비중을 담아둘 때
- 결혼자금, 전세금 등 정해둔 날에 필요한 돈을 보관할 때
- 주식 매매를 하다가 현금이 남을 때
- 비상금을 현금으로 장기간 보관할 때

발행어음은 현금 관리를 위한 증권 상품 중에서 금리가 가장 좋은 상품입니다. RP와 달리 발행어음은 증권사가 '직접' 발행하는 채권입니다. 담보가 전혀 없고 증권사가 자체적으로 지급을 약속하기 때문에 '자기신용으로 발행한다'고 표현하죠. 발행어음 구성을 위한 별도의 장치가 없어서 증권사에 따라 금리를 더 높게 책정할 수 있습니다. 단기 상품인 RP보다는 항상 높은 금리를 주지요.

대신 발행어음은 '초대형 증권사' 인가를 받은 증권사에서만 발행이 가능합니다. 이 인가를 받는 절차가 상당히 까다로워서 인가를 받은 증권사는 '검증된 안전성을 가지고 있다'라고 평가합니다. 현재는 한국투자증권, NH투자증권, KB증권 이렇게 3곳에서만 발행어음 매수가 가능합니다(2020년 8월 기준).

발행어음은 현재 수시형 0.45%, 약정형 0.45~1.1%, 적립형 2.0%까지 다양한 상품이 있습니다. 다른 상품들과 비교해 금리 조건이 괜찮

기 때문에 은행의 예·적금 대신 활용합니다.

만약 정해진 기간을 채우지 못하더라도 상대적으로 '중도상환 이율'이 높아서 괜찮습니다. 중도상환 이율이 보통의 CMA의 금리보다 높거든요. 하지만 최소 투자금이 100만 원이기 때문에 RP로 돈을 모으다가 100만 원이 넘으면 발행어음을 약정형으로 매수하는 것을 추천합니다(적립식은 월 10만 원부터도 가능).

▪ 발행어음 매수 안내 화면 ▪

출처 : 한국투자증권 / 2020년 8월 31일 기준

| 2단계 |
안전자산 관리하기

　달러와 금은 대표적인 안전자산입니다. 만약 달러와 금 가격이 오른다면 금융시장이 불안하다고 생각하는 사람들이 많아졌다는 것을 의미합니다. 보통은 금융시장에 코로나19와 같은 충격이 가해지거나 경제 위기로 주가가 폭락할 때 달러와 금 가격은 툭 튀어 오릅니다.

　하지만 달러와 금이 가진 안전자산의 속성은 다릅니다. 달러부터 살펴보면, 금융시장의 중심인 미국 월스트리트는 전 세계에 투자하고 있고 시장의 위기가 감지되면 이머징 국가◆들로부터 달러를 회수합

◆　　이머징 국가 : 자본시장에서 급성장하는 신흥 국가.

니다. 우리나라의 원화 역시 시장 위기에는 힘을 발휘하지 못하기 때문에 가지고 있기 부담스러운 화폐가 되고 맙니다. 이렇게 국내에 투자하던 달러가 유출되면 수요와 공급의 법칙에 의해 달러의 가격이 오르는 것이지요.

반면, 금은 '화폐 경제 자체'에 위협이 생길수록 그 가치가 높아집니다. 전 세계적으로 자국의 불황을 탈출하기 위해서 '양적완화'라는 이름으로 돈을 찍어냅니다. 시장에 돈을 풀어 현금흐름을 원활하게 하기 위해서죠. 거의 모든 국가가 이런 방법으로 경기를 부양합니다.

하지만 시중에 화폐가 많아지면 화폐 자체의 가치는 하락합니다. 수가 많아지는 것은 값어치가 그만큼 떨어지는 것을 뜻하니까요. 그래서 많은 사람들이 화폐 자체의 가치는 시간이 지날수록 떨어지는 것에 비해, 실물이 있는 자산은 가치가 높아질 거라 기대합니다. 이런 이유로 현금을 가지고 있는 것보다 부동산이나 금, 주식 등에 투자하는 것이고요.

또한, 달러와 금은 '투자한다'는 개념에서도 차이가 있습니다. 금융위기는 특수한 상황입니다. 금융위기보다 그렇지 않은 기간이 훨씬 길죠. 그렇기 때문에 달러와 금이 일반적인 시장 상황에서는 나에게 어떤 수익을 주는지 알아야 합니다.

달러는 '달러 상품'을 사면 정해진 이자를 받을 수 있습니다. 이에 반해 금은 어디에 묶어두어도 확정 이자를 받지 못합니다. 그런데 금 값은 계속 상승해왔습니다. 본연의 가치가 점차 오르는 것이죠.

달러 → 시장 충격 대비(다소 일시적)
금 → 화폐 경제의 붕괴 대비(큰 변화)

그렇기 때문에 여러분이 안전자산으로 달러와 금을 담아둘 때는 다소 일시적인 시장 충격에 대비하기 위해서는 달러를, 화폐 경제 붕괴와 같은 시장의 큰 근본적인 변화를 대비하기 위해서는 금을 추천합니다.

채권도 달러와 금처럼 안전자산에 속합니다. 사실 채권은 국가가 발행하는 국채부터 개인이 돈을 빌려주는 사채까지 그 스펙트럼이 어마어마합니다. 모두 안전자산이라고 볼 수는 없죠. 여기에서 채권은 국채를 활용한 간접투자 방식과 회사채를 개별 매수하는 직접투자 방식을 구분하여 알려드리겠습니다. 그럼 달러부터 자세하게 배워볼까요?

달러

달러는 이렇게 활용합니다 ←

- 포트폴리오의 안전자산 비율에 '달러'를 포함하고자 할 때
- 달러로 받은 급여를 모았다가 고환율에 환전하고자 할 때

- 직업의 특성상 달러를 항상 보유해야 할 때
- 외국에 있는 가족 및 지인에게 주기적으로 달러를 송금해야 할 때

달러를 활용해 투자하는 방법에는 거의 무한대의 투자처가 펼쳐집니다. 기본적인 달러 투자 방법인 달러예금이나 달러RP, 달러 발행어음 외에도 해외주식, 해외채권, 해외ETF 등과 같이 해외의 투자 상품을 사는 것 자체가 달러 투자를 병행하는 것이기 때문입니다.

하지만 해외의 투자 상품을 매수하는 것은 '주식투자'가 목적이기 때문에 '달러 투자'는 덤으로 가져간다고 생각하는 것이 낫습니다. 여기서는 순수하게 달러 자체를 보유하는 법을 중심으로 정리해볼게요.

달러예금(은행)

우리에게 가장 익숙한 달러 투자 방법은 은행의 '달러예금'입니다. 하지만 달러를 투자할 때는 은행보다 증권사가 유리합니다. 은행은 실물 달러를 입출금하고 관리합니다. 외화를 실물로 다룰 때는 보관이나 보안 등에도 큰 비용이 들어갑니다. 반면, 증권사는 은행과는 달리 전산상으로만 달러를 다루기 때문에 보관이나 보안 등에 돈이 들지 않습니다. 증권사가 은행보다 수수료가 낮은 이유죠. 그래서 외화를 실물로 출금해야 하는 경우가 아니라면 증권사를 이용하는 것이 유리합니다.

증권사 계좌에서는 원화를 간편하게 달러로 바꿀 수 있습니다. 계좌상에서 원화를 달러로 바꾸는 것만으로도 가장 기본적인 달러 투자인 '달러 보유'를 할 수 있는 것이고요.

환율은 실시간으로 바뀌기 때문에 달러로 환전하면 금액을 입력할 때마다 같은 금액일지라도 환전되는 액수가 조금씩 달라집니다. 하루에도 환전을 실행한 시점마다 환율 차이가 생기고요. 환전하면 계좌 속에 그만큼 달러를 보유한 것이 되고, 잔고 화면에 'USD' 또는 '외화예수금' '달러' 등으로 표기됩니다. 이 달러를 활용해 다양한 해외 투자 상품을 매수할 수 있습니다.

🔍 TIP 달러 환전하기

❶ 증권사 앱에서 '메뉴-금융상품-해외주식-환전'의 순서대로 진입한다.

환전하기 메뉴는 증권사 앱마다 다르게 위치해 있다. '해외주식'의 하위 메뉴에 있기도 하고, '뱅킹'의 하위 메뉴에 있기도 하다.

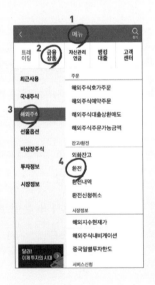

❷ 환전할 금액을 입력한다.

환전 메뉴에 들어가서 매수통화를 선택하고
계좌에 가지고 있는 원화 중 얼마를 달러로 환
전할지 입력한다.

❸ 환전 완료

* 참고로 증권사의 영업시간 중에 환전하는 것이 좋다. 그 이후의 시간에는 환전을 주
관하는 부서가 달라지면서 좀 더 높은 환율이 적용된다.

달러RP

증권사의 달러예금을 '달러RP(외화RP)'라고 합니다. 앞서 배운 원화
RP의 이자율이 국내 시장 상황에 따라 결정된다면, 달러RP의 이자율
은 미국의 금리에 따라 결정됩니다. 그래서 어떤 시기에는 원화RP의
금리가 더 높고, 어떤 시기에는 달러RP의 금리가 더 높습니다. 코로나
19와 같은 국제적인 큰 이슈가 있는 상황이 아니라면 일반적으로 달

러RP가 훨씬 높은 이자율을 보입니다.

　과거에는 달러로 급여를 받는 외국계 기업의 직원이나 수출 관련 일을 하는 법인 등이 달러RP를 많이 찾았습니다. 최근 들어 달러를 보유하고 싶어 하는 개인투자자들이 많아지면서 달러RP를 찾는 사람들이 늘어나고 있죠.

　그러나 달러RP에는 아주 치명적인 단점이 있습니다. 바로 '대부분의 증권사가 온라인 매수를 지원하지 않는다'는 점입니다. 증권사 앱에서 '달러RP' 메뉴를 선택하면 금리에 대한 안내만 있을 뿐 매수 주문은 상담 직원을 통하도록 하고 있습니다. 아직은 많은 사람들이 이용하지 않아서 온라인으로 구현할 단계가 아니거나 달러RP를 매수할 만큼 투자를 깊이 고민하는 잠재 고객을 끌어들이기 위함이 아닐까 생각합니다.

달러RP 약정수익률

기간(일)	개인 약정수익률(세전, 연)	법인 약정수익률(세전, 연)
7~30	0.50%	0.50%
31~60	0.55%	0.55%
61~90	0.60%	0.60%
91~364	0.70%	0.70%
365~365	1.00%	1.00%

출처 : NH투자증권 / 2020년 3월 17일 기준

달러 발행어음

달러 발행어음도 달러RP와 거의 동일하게 금리와 기간이 정해져 있습니다. 다만, 발행어음은 인가를 받은 몇몇 증권사에서만 판매하고 있는데요. 원화 발행어음과 마찬가지로 현재는 한국투자증권, NH투자증권, KB증권 이렇게 3곳에서만 매수가 가능합니다.

달러 발행어음은 통상 달러RP보다 금리가 더 높습니다. 달러RP는

■ 외화 발행어음 매수 안내 화면 ■

퍼스트 외화 발행어음 수시(USD) 약정(만기)이율 연 **0.600%** 기간 수시 중도상환이율 연 0.600%	**퍼스트 외화 발행어음 약정(USD)** 약정(만기)이율 연 **1.500%** 기간 181일 ~ 270일 중도상환이율 연 0.750%
퍼스트 외화 발행어음 약정(USD) 약정(만기)이율 연 **0.600%** 기간 7일 ~ 30일 중도상환이율 연 0.300%	**퍼스트 외화 발행어음 약정(USD)** 약정(만기)이율 연 **1.500%** 기간 271일 ~ 364일 중도상환이율 연 0.750%
퍼스트 외화 발행어음 약정(USD) 약정(만기)이율 연 **0.800%** 기간 31일 ~ 60일 중도상환이율 연 0.400%	**퍼스트 외화 발행어음 약정(USD)** 약정(만기)이율 연 **1.600%** 기간 365일 중도상환이율 연 0.800%
퍼스트 외화 발행어음 약정(USD) 약정(만기)이율 연 **0.900%** 기간 61일 ~ 90일 중도상환이율 연 0.450%	**퍼스트 외화 발행어음 적립(정액,USD)** 약정(만기)이율 연 **1.900%** 기간 적립식(365일) 중도상환이율 연 0.950%

출처 : 한국투자증권 / 2020년 8월 31일 기준

증권사의 신용 외에 담보 형태의 채권을 계좌에 넣어주는 데 반해, 발행어음은 별도의 담보를 제공하지 않고 오롯이 증권사의 신용으로 팔기 때문입니다.

달러RP처럼 원화를 달러로 환전해놓은 상태에서 매수할 수 있고, 최소 투자금은 달러 기준으로 500달러 이상입니다. 달러RP보다 더 높은 금리를 얻을 수 있고 모바일로도 바로 매수가 가능하기 때문에 발행어음이 가능한 증권사를 이용하고 있다면 달러RP 대신 달러 발행어음을 활용하는 것이 좋습니다.

 달러 현찰을 증권사 계좌로 입금하기

증권사 창구에서는 달러를 현찰로 입금하거나 출금하는 것이 불가합니다. 만약 실물 달러를 증권사 계좌에 입금하기 위해서는 별도의 절차가 필요합니다.

먼저, 가지고 있는 '증권계좌'에 연계된 '외화연계계좌(외화가상계좌)'를 만들어야 합니다. '외화연계계좌'는 증권사를 방문해서 개설하는 것이 보통이지만, 증권사 앱 내에서 개설할 수 있는 곳이 점차 확대되고 있습니다. 외화연계계좌는 우리에게 익숙한 시중 은행의 계좌번호로 생성되며, 이 계좌에 달러를 이체하면 증권사의 위탁계좌로 달러가 입금됩니다.

금

- 포트폴리오의 안전자산 비율에 '금'을 포함하고자 할 때
- 화폐 경제가 약해지는 것을 대비하기 위해 금을 살 때

금에 투자하는 것은 크게 두 가지로 나뉩니다. 쉽게 설명하면 금을 손에 쥘 거냐, 안 쥘 거냐로 나뉘는 것이죠. 이걸 미리 고민하는 이유는 이 구분에 따라 금을 사는 방법이 달라지기 때문입니다.

금은 귀금속이기 때문에 금 가격에 디자인이나 세공과 같은 부가가치세가 포함됩니다. 또한, 달러처럼 보관이나 배송에도 돈이 들지요. 심지어 순도가 높다고 인증하는 것에도 돈이 들고요. 이런 비용 때문에 수익률이 상쇄될 수도 있습니다. 그렇기 때문에 여기서는 실물 금을 다루는 투자는 제외하고 알려드릴게요.

먼저 금을 사는 방법은 은행에서 '골드뱅킹'을 하거나, 증권사에서 '금현물계좌'를 열어 금을 모으거나, '금ETF'를 하는 것이 있습니다. '골드뱅킹'의 경우, 은행에서 계좌를 열고 금 1g을 매매하는 것인데, 사고 팔 때마다 수수료가 1%씩 발생하고, 차익이 발생하면 15.4%의 배당소득세를 내야 합니다. 장점이 거의 없죠. 굳이 장점을 찾자면 생활권에 지점이 있다는 정도입니다.

제가 추천하는 안전자산으로 금 상품을 사는 방법은 '금현물계좌'

와 '금ETF'를 이용하는 것입니다. 하나씩 살펴볼까요?

금현물계좌

'금현물계좌'라는 말 어디서 들어보지 않으셨나요? 앞의 Chapter 2 에서 증권과 계좌 종류를 설명할 때 다뤘지요. 금현물은 증권으로 분류하기는 어렵지만, 증권처럼 투자할 수 있다고 설명했는데요. 거래하는 증권사에 KRX(한국거래소) 금현물계좌를 개설해 직접 거래하는 방법입니다.

은행의 금 통장보다 금현물계좌가 나은 이유는 환전의 절차 없이 바로 금 투자가 가능하기 때문입니다. 금현물계좌의 또 다른 장점은 '비과세'라는 점입니다. 매매차익이 발생해도 세금을 내지 않습니다. 이건 엄청난 장점이죠. 시중에 금값이 제각각이라 국가적인 차원에서 소비자를 보호하고, 많이 이용하게 하려고 특혜를 주는 것이 아닌가 합니다.

처음 금현물계좌를 열게 되면 1kg 단위의 상품과 100g 단위의 상품에서 거래 종목을 선택하게 됩니다. 종목은 무엇을 선택하든 큰 의미가 없지만, 가격 측면에서 1kg 단위로 구매하는 것이 좀 더 저렴합니다. 종목을 선택했다면 그다음부터는 1g 단위로도 투자가 가능합니다.

금현물계좌는 한국조폐공사에서 인증하는 순도 99.99%의 고품질 금을 사고파는 구조로 되어 있기 때문에, 개인이 매수한 금은 한국예탁결제원에 안전하게 보관됩니다.

 **금현물계좌 개설하는 방법**

현재 대부분의 증권사에서 '금현물계좌'의 비대면계좌 개설이 불가합니다.
가까운 증권사를 방문해 금현물계좌 만들어야 합니다.

금ETF

ETF는 특정 지수의 투자 성과를 따라가도록 설계된 펀드입니다.
주식처럼 코스피 시장에 상장되어 있어서 주식시장이 열리는 시간에
실시간 가격으로 매매할 수 있지요. 일반 펀드가 환매 신청을 하고 입
금될 때까지 일주일 이상이 소요되기도 하는 것에 반해, ETF는 바로
현금화할 수 있어서 유동성 면에서 매우 편리합니다. 일반 펀드보다
운용 보수도 낮고요. 특히 ETF는 1주에 보통 몇천 원에서 몇만 원 사
이에 거래되기 때문에 소액으로 투자할 수 있다는 것도 장점입니다.

국내에 상장된 금ETF는 미국 뉴욕상품거래소에서 거래되는 금 가
격을 따르고 있습니다. 국제 금 가격의 변동에 따라 주가가 오르내리
는 것이죠. 국내에 상장된 금 관련 ETF와 ETN◆은 10개가 넘습니다.
여기서는 거래량이 많은 것으로 3가지를 소개하겠습니다. 거래량을
보는 이유는, 실제로 거래되는 시장 가격과 순자산가치의 차이를 줄

◆   ETN(Exchange Traded Note) : 원자재나 주가지수 등 기초자산의 가격 변동에 따라 수익을
얻을 수 있도록 설계한 채권 형태의 상품.

이러면 거래량이 많아야 하기 때문입니다. 그렇지 않으면 괴리율*이 커져 실제 가치와는 동떨어진 가격으로 거래할 위험성이 있습니다.

① 'KODEX 골드선물(H)'

'KODEX 골드선물(H)'은 금에 투자하는 ETF의 이름입니다. 'KODEX'는 삼성자산운용이 만든 ETF의 브랜드명이고, '골드선물'은 금 가격에 투자한다는 것을 의미합니다. 마지막 'H'가 붙어 있으니 달러의 움직임과는 무관하다고 생각하면 됩니다. 이것은 '환헤지'라고 읽는데, 환율의 변동이 ETF의 가격에 영향을 주지 않도록 설정된 것을 의미합니다. 금의 국제 거래는 달러로 이루어지다 보니 달러의 환율에 영향을 받을 수 있기 때문입니다.

요즘엔 달러로 투자하는 것을 선호하는 추세이지만, 불과 얼마 전까지만 해도 우리나라 대부분의 투자자들은 환율의 변동에 영향을 받는 것을 싫어했기 때문에 'H'가 붙은 ETF가 많습니다. 'KODEX 골드선물(H)'은 가장 본연의 금값을 따라가도록 구성된 ETF입니다.

② KINDEX 골드선물 레버리지(합성 H)

'KINDEX 골드선물 레버리지(합성 H)'도 살펴볼까요? 'KINDEX'는 한국투자신탁운용이 만든 ETF의 브랜드명입니다. '골드선물'이니 역

◆　　괴리율 : 기준 가격과 실제 거래되는 가격의 차이.

■ 골드선물과 골드선물 레버리지의 ETF 차트 비교 ■

출처 : 네이버 금융 / 2020년 8월 11일 기준

시 금 가격을 추종하는 ETF겠죠. 그다음 '레버리지'는 쉽게 말해 '더블'을 생각하면 좋습니다. 오를 때 두 배 더 오르고, 내릴 때 두 배 더 내려갑니다. 파생상품을 활용해서 두 배로 움직이도록 구현한 것이죠. 만들어지는 과정은 이해하기 어려워도 '레버리지'가 어떤 움직임을 보여주는지는 이해하기 쉽습니다. 금값이 10%가 오르면 레버리지는 20%가 오르고, 10% 하락하면 20%만큼 하락합니다. 그만큼 변동성이 커서 위험성이 높습니다.

그 뒤의 '합성'이라는 것은 외국의 운용사에 위탁하여 운용한다는 말입니다. 외국의 운용사에 돈을 주고 운용을 맡기는 거라 ETF 안에 그들에게 지급하는 비용이 추가로 발생합니다. 대신 현지 시장을 가장 잘 아는 운용사의 도움을 받는다는 장점이 있지요. 마지막으로 붙어 있는 'H'는 마찬가지로 환헤지가 된 ETF라는 의미입니다.

앞의 두 차트의 차이가 보이시나요? 위가 'KODEX 골드선물(H)'이고, 아래가 'KINDEX 골드선물 레버리지(합성 H)'입니다. 같은 금 가격에 투자하는 지표지만 가격 변동은 거의 2배로 나타납니다.

③ 'KODEX 골드선물 인버스(H)'

다음은 'KODEX 골드선물인버스(H)'입니다. 'KODEX 골드선물'이니까 삼성자산운용이 만든 금 가격을 추종하는 ETF죠. 그 뒤에 붙은 '인버스'라는 말은 반대로 움직이는 것을 의미합니다. 파생상품을 활용해서 기존의 움직임보다 두 배로 움직이게 하는 것을 '레버리지'라고 부른다면, 반대 방향으로 움직이는 것을 '인버스'라고 부릅니다. 금값이 10% 오르면 인버스는 10%만큼 떨어지고, 금값이 10% 떨어지면 인버스는 10% 오르도록 세팅되어 있습니다. 금값이 떨어질 거라고 생각할 경우에 매수하는 ETF입니다.

흔히 떨어지리라 예측되는 자산은 공매도◆라는 방법으로 투자합니다. 하지만 우리나라에서는 개인투자자가 법적으로 공매도를 할 수 없기 때문에 '인버스'라는 이름이 붙은 상품을 대신 활용합니다.

◆　공매도 : 주로 초단기 매매차익을 노리는 데 사용되는 투자 기법. 특정 종목의 주가가 크게 떨어지리라 예상하면 해당 주식을 보유하고 있지 않은 상태에서 주식을 빌려 매도 주문을 내는 투자 전략이다. 향후 주가가 하락하면 해당 주식을 싼값에 사 결제일 안에 주식대여자(보유자)에게 돌려주는 방법으로 시세 차익을 챙긴다.

 **금 ETF 매수하는 방법**

ETF는 주식을 매매하는 방법과 동일합니다.

❶ 증권사 앱을 열고, 돋보기 버튼을 누른다.

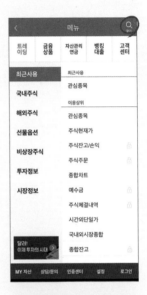

❷ 종목검색에 'KODEX 골드선물(H)'를 입력
하고 아래 화면에서 해당 ETF를 선택한다.

③ 주식 주문창에 들어가서 실시간 가격을 확인한 뒤, 계좌 비밀번호를 입력한다.

④ 원하는 수량과 단가를 입력하고 현금매수 버튼을 누른다.

⑤ 매수 체결 문구가 나오면 완료

🔍**TIP** 미국의 금ETF

미국의 금ETF는 'SPDR Gold Shares'가 상장되어 있습니다. 'GLD'로도 불리죠. 전 세계 금ETF 자산의 40% 이상을 차지하며, 상장된 지 10년이 넘은 대표 금ETF입니다. 'GLD'는 국내 금ETF처럼 금 가격에 투자하는 것이 아니라 실물 골드바를 매입하여 금고에 보관하는 금 현물에 투자합니다. 금 현물에 투자하기 때문에 선물 투자에서 발생하는 롤오버 비용(Roll-over)◆이 발생하지 않는다는 장점이 있습니다.

채권

채권은 이렇게 활용합니다 ◀

- **포트폴리오의 안전자산 비율에 '채권'을 포함하고자 할 때**
    * 채권의 경우 '배당자산'으로도 활용 가능

'채권'은 돈을 빌릴 때 이자와 원금을 갚기로 약속하면서 발행하는 차용증서입니다. 쉽게 말해 돈을 갚겠다고 적어놓은 종이지요. 이 종

◆ 　　　롤오버 비용 : 금 관련 국내 ETF는 금값을 따라가는 '금 선물'이라는 파생상품을 담은 것으로 금 선물은 채권처럼 만기가 있기 때문에 만기가 되기 전에 다른 선물 상품으로 바꿔야 한다. 이때 변경한 선물 가격이 이전보다 비싸면 돈을 더 들여서 사게 되는데, 이것이 롤오버 비용이다.

이를 기준으로 발행한 사람은 채무자가 되어 돈을 갚아야 하고, 투자한 사람은 채권자가 되어서 돈을 받아야 합니다.

그렇다면 굳이 왜 채권을 거래할까요? 기업들은 돈이 필요하면 은행에서 대출을 받지만, 큰돈을 장기간 빌리는 것은 쉬운 일이 아닙니다. 챙길 서류도 많고 대출 심사도 통과해야 하죠. 그래서 큰돈을 일시에 빌리기 위해 채권 시장에 오게 됩니다. 정부나 공기업, 우량 기업 등은 별다른 담보 없이도 자금이 필요한 시점에 '채권'이라는 이름으로 돈을 빌릴 수 있습니다.

기업 입장에서는 유상증자◆를 통해서 주식을 새로 찍어 낼 경우 기존 주식의 가치가 줄어들기 때문에 주주들의 허락을 구해야 합니다. 그런데 채권을 통해 돈을 조달한다면, 상환하면 사라지는 채무이기 때문에 주식처럼 주주가 의결권을 행사하거나 배당을 요구할 일이 없죠.

국가가 발행하는 국채는 망할 일이 거의 없으니 10년, 20년 만기에 금리를 1%만 줘도 사람들이 다 삽니다. 기업이 발행하는 회사채는 국가만큼은 안 되니까 3년, 5년 이런 식으로 만기를 정하고 금리는 은행보다는 좀 더 높게 쳐줘야겠죠. 더 작은 기업들은 만기 더 짧게 하고 금리를 더 높여야 투자자들이 투자할 테고요. 채권 시장은 과학적이어서 위험할수록 금리나 조건이 더 좋게 형성됩니다.

◆　유상증자 : 주식회사가 주식을 새로 발행해서 기존 주주나 새로운 주주에게 파는 것.

■ 대표적인 채권 ■

- 정부가 찍어내는 '국고채' '국민주택채권'
- 지자체가 찍어내는 '도시철도채권' '지역개발채권'
- 한국은행이 찍어내는 '통안채'
- 주식회사가 찍어내는 '회사채' '전환사채' '신주인수권부 사채'

이 많은 채권 중에서 우리가 직접 투자할 수 있는 것은 거의 없습니다. 개인투자자가 채권에 투자하는 방법은 크게 펀드나 ETF 등을 통해 간접투자하는 방법과 개별 채권을 검색해서 매수하는 직접투자하는 방법으로 나뉩니다.

개별 채권을 매수하면 확정금리이기 때문에 본인의 재무 계획을 명확하게 세울 수 있고, 3개월마다 정기적으로 이자를 받는 장점이 있습니다. 은행의 예·적금은 만기에 한꺼번에 이자와 원금을 줍니다. 그래서 중간에 해지하면 확정금리보다 낮은 이익을 얻게 되지요. 하지만 채권은 이자를 그때그때 지급하기 때문에 만기에는 원금만 돌려받습니다.

채권 외에 정기적으로 이자를 주는 것들에는 배당주, 리츠, 월 지급식 펀드, 월 지급식 신탁 등이 있지만, 대부분 주식의 성격을 가지고 있어서 정해진 이자가 없죠. 하지만 채권은 정해진 이자를 준다는 차이점이 있습니다.

그러나 채권이라고 해서 무조건 안전한 것은 아닙니다. 만약 개별 채권을 개인이 직접 매수한다면 부도 리스크를 반드시 확인해야 합니다.

최근에는 개별 채권을 매수하려는 개인투자자들이 늘면서 개별 채권 거래를 누구나 쉽게 할 수 있도록 변모하고 있습니다.

🔍 TIP 채권 투자하기

1 | 직접투자

채권을 직접 매수하면 수수료가 없어서 값싸게 채권을 매수할 수 있고, 이자
지급일과 만기를 명확하게 알 수 있어 자금을 관리하기 좋습니다.

1 증권사 앱을 열고, '메뉴-금융상품-채
권/RP'를 누른다.

주식과는 다르게 모바일 화면으로 채권의 정
보를 한꺼번에 보기 어렵다. 그래서 추천하는
방식은 채권을 고르는 것은 PC의 화면을 활용
하고, 채권 매수는 모바일에서 하는 것이다.

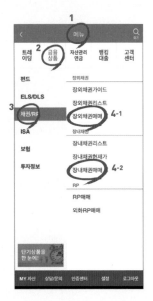

2 '장내채권'과 '장외채권'으로 구분하여 선택할 수 있고, 계좌 안에 현금이 있
다면 바로 매수가 가능하다.

장내채권은 채권 시장 자체가 열린 것이어서 매물이 나와 있는 채권은 모두 볼 수 있
고, 장외채권은 메뉴 자체도 없는 증권사들도 많다.

2 | 간접투자

채권 간접투자는 펀드나 ETF로 채권을 사는 것을 말합니다. 먼저 펀드를 검색하는 방법은 어느 증권사의 앱이든 펀드 검색 화면으로 들어가서 '채권형 펀드'를 입력하면 됩니다. 채권형 펀드는 주식형 펀드보다 수수료가 낮고, 채권 이자들을 다 모아 분배금의 형태로 넣어줍니다. 채권 시장에서 안정성이 높은 채권들은 개인의 손에 닿기 전에 이런 펀드로 가기 때문에, 채권에 투자하려면 간접투자로 하는 것도 좋은 방법입니다.

채권ETF를 활용하는 것도 좋습니다. 매매도 편하고 저렴한 보수로 채권투자를 할 수 있습니다. 채권ETF를 살 때 고려해야 하는 요소는 '듀레이션'입니다. 듀레이션이란 채권들이 평균적으로 가지고 있는 만기를 계산해놓은 것을 말합니다.

예를 들어, 어떤 채권ETF의 듀레이션이 3년이라고 하면, 해당 ETF 안에 들어 있는 수많은 채권의 만기가 대략 3년 정도 된다는 뜻입니다. 이 듀레이션이 길수록 위험성이 높아지기 때문에 이자율도 높아집니다.

KODEX 단기채권

KODEX 국고채3년

KBSTAR 중기우량회사채

KOSEF 국고채10년

'KODEX 단기채권'은 듀레이션이 0.5 정도입니다. 여기 들어 있는 채권들은 단기이기 때문에 대부분 만기가 대여섯 달밖에 안 됩니다. 'KODEX 국고채3년'은 3년 만기 채권들만 들어 있으니까 듀레이션이 3년보다 작은 2년 몇 개월이고, 'KBSTAR 중기우량회사채'는 중기니까 듀레이션이 5년 정도 나옵니다. 'KOSEF 국고채10년'은 장기채권이라서 듀레이션이 10년이 넘지 않게 나옵니다. 듀레이션이 길면 그만큼 금리의 영향을 받기 때문에 듀레이션이 길수록 좀 더 공격적인 투자라고 볼 수 있습니다.

| 3단계 |
배당자산 관리하기

'배당'이란 말 들어보셨나요? 처음 들어보는 분들에게는 생소한 단어이지만, 한번 알고 나면 초보 투자자들이 투자에 재미를 느끼게 하는 요소가 바로 배당입니다.

배당이란 일반적으로 '특정 재물을 일정 기준에 따라 분배하는 것'을 말합니다. 배당자산 역시 투자에서 비롯된 이익을 정해진 때에 현금으로 받아 현금흐름을 만드는 것이 목적입니다.

배당자산에는 리츠와 배당주가 속합니다. 리츠와 배당주에 대해 간단히 설명하면 '리츠'는 투자자들에게서 자금을 모아 부동산에 투자하여 발생한 수익을 투자자들과 나누는 것입니다. 우리나라의 경우,

리츠를 가지고 있으면 1년에 2번 정도 배당을 받을 수 있지요. '배당주'는 기업이 영업 활동을 통해 벌어들인 이익을 주주들에게 나눠주는 주식입니다. 기업에 따라 다르지만 연 1~3회 정도 배당을 합니다.

2단계 안전자산에서 다룬 '개별 채권' 매수도 배당에 해당합니다. 회사 채권을 사면 만기가 오기 전까지 3개월마다 현금(이자)을 받을 수 있기 때문이죠.

계속 돈을 모으기만 한다면 지칠 수 있습니다. 배당을 통해 주기적인 현금흐름을 만들면 이를 생활비로 활용하거나 재투자할 수 있어 자산을 모으기 수월해집니다. 정해진 때마다 현금을 확보하면 돈을 모으는 재미도 따라오고요. 그럼 리츠와 배당주에 대해 자세히 알아볼까요?

리츠

리츠는 이렇게 활용합니다

- **포트폴리오의 배당자산 비율에 '리츠'를 포함하고자 할 때**
- **현금흐름을 만들고 싶을 때**
- **소액으로 부동산 투자를 경험하고 싶을 때**

리츠는 국내에서 이제 막 시장이 커지고 있는 상품입니다. 쉽게 설명하면 만 원이 넘지 않는 돈으로 부동산 투자를 할 수 있는 것이 리츠입니다. 리츠(REITs)는 'Real Estate Investment Trusts'의 줄임말이고, 우리말로는 '부동산투자신탁'이라는 뜻이지요. 리츠를 쉽게 이해하기 위해 예를 들어볼까요?

우리 동네에 상가 하나가 1억 원의 매물로 나왔습니다. 그 상가 안에는 떡볶이집이 3대째 장사를 하고 있어서 상가를 산다면 떡볶이집에서 나오는 월세를 꼬박꼬박 받을 수 있습니다. 이 건물을 사면 매달 월세를 받을 수 있겠다는 기대감에 함께 살 친구들을 모읍니다. 10명이 1,000만 원씩 내서 이 상가를 산 뒤에 월세가 나올 때마다 똑같이 나누기로 한 거죠.

그런데 막상 해보니 괜찮은 겁니다. 그래서 비슷한 상가를 또 사기로 하고, 친구 10명을 더 모읍니다. 이제 옆 동네의 떡볶이집 상가를 삽니다. 이제 떡볶이집 2곳에서 나오는 월세를 20명이 나눠 가지게 되겠죠.

이렇게 3번째, 4번째 떡볶이집 상가를 사고 나니 신경 쓸 게 많아집니다. 월세를 제때 안 내는 곳은 찾아가서 월세를 독촉해야 하고, 월세를 모아서 투자자들에게 배분해줄 사람도 필요하겠죠. 그래서 누군가가 "그냥 우리가 회사 하나를 차리고 직원을 뽑아서 월급을 주자"라고 제안합니다. 그렇게 해서 '곰희떡볶이리츠'가 탄생합니다.

간단하죠? 이러한 형태의 스케일을 확 키운 것이 '리츠'입니다. 투자자는 부동산투자회사에 투자를 하고, 부동산투자회사는 건물을 매입하여 임대 수익을 얻고, 그 수익을 투자자에게 배당해 돌려주는 방식입니다. 리츠 중 '롯데리츠'는 롯데가 들어가 있는 건물 일부를 사는 것입니다. 롯데라는 이름처럼 이 리츠의 건물에는 롯데백화점, 롯데마트 등이 들어 있습니다.

리츠의 장점은 소액으로 부동산 투자가 가능하다는 것입니다. 1주 가격이 '롯데리츠'가 5,240원, '신한알파리츠'가 6,620원, '이리츠코크렙'이 5,370원(2020년 8월 13일 기준) 수준으로 만 원을 넘지 않습니다. 부동산 투자를 소액으로 가능하게 하는 거의 유일한 방법이죠. 심지어 미국에 상장된 큰 리츠들도 대부분 100달러 이하로 살 수 있습니다.

리츠의 또 다른 장점은 월세를 주기적으로 받을 수 있다는 것입니다. 이것이 리츠를 배당자산으로 소개하는 이유입니다. 리츠는 주식시장에서 거래되기 때문에 '월세'라는 말 대신 '배당' '분배금'이라는 용어를 사용합니다. 법적으로 월세로 들어오는 것의 90% 이상을 투자자들에게 배당하도록 되어 있습니다. 나머지 돈으로 리츠 회사를 운영하고요. 우리나라 리츠는 월세를 모아서 1년에 2번 투자자들에게 나누어줍니다.

현재 우리나라에 상장하려는 리츠들이 제시하는 목표 수익률은 대략 5~7% 수준입니다. 물론 리츠도 부동산을 기본으로 한 주식이기 때문에 가격 변동성과 부동산 시장을 따라간다는 리스크가 있죠.

예금에 넣자니 금리가 너무 낮고, 주식투자를 하자니 큰 하락이 걱정된다면 리츠는 상당히 좋은 대안이 됩니다. 주식시장 입문용으로 리츠를 선택하면 유용하지요. 개별 기업의 주식보다 부동산이라는 실물 자산이 버티고 있기 때문에 상당히 안정감 있게 움직입니다.

또는 은퇴해서 정기적인 현금이 필요한 분들에게도 리츠를 추천합니다. 우리나라 리츠는 상반기와 하반기 두 번 배당을 주지만, 배당이 나오는 일정은 저마다 다릅니다. 이걸 분산해서 여러 개 담아두면 거의 매달 현금이 들어오도록 구성할 수 있습니다.

국내 공모 리츠 상장 현황

번호	종목	상장일	시가총액(원)	주요자산
1	이지스밸류리츠	2020년 07월	1,068억	태평로빌딩
2	NH프라임리츠	2019년 12월	783억	서울스퀘어, 삼성물산 서초사옥, 강남 N타워, 삼성SDS타워
3	롯데리츠	2019년 10월	8,805억	롯데백화점(강남·구리·창원·광주), 롯데마트(김해·의왕·대구율하·청주), 롯데아울렛(대구 율하·청주)
4	신한알파리츠	2018년 8월	3,543억	판교 알파돔(크래프톤타워), 용산더프라임
5	이리츠코크렙	2018년 6월	3,268억	뉴코아울렛(일산·평촌·야탑) 등
6	모두투어리츠	2016년 9월	233억	스타즈명동1, 스타즈명동2 등
7	케이탑리츠	2012년 1월	364억	쥬디스태화(부산), 미원빌딩(여의도) 등
8	에이리츠	2011년 7월	245억	영등포 계룡리슈빌, 메이준, 왕십리 KCC 등

2020년 09월 기준

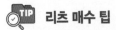 **리츠 매수 팁**

리츠는 가격 변동이 큰 편이기 때문에 시장에 큰 폭락이 왔을 때, 리츠를 담아두면 좋습니다. 싸게 살수록 높은 비율로 배당이 나오기 때문입니다.

배당주

배당주는 이렇게 활용합니다

- **포트폴리오의 배당자산 비율에 '배당주'를 포함하고자 할 때**
- **현금흐름을 만들고 싶을 때**

우리가 주식을 사는 것은 그 회사의 지분을 사는 것입니다. 회사가 열심히 돈을 벌고 성장해야 주식의 가치가 오릅니다. 그런데 주식의 가치와는 별도로 투자자들에게 이익이 날 때마다 조금씩 현금을 주기도 합니다. 이런 기업들의 주식을 '배당주'라고 합니다.

기업들은 왜 배당을 줄까요? 자본주의 사회에서 주식회사는 이름 그대로 주식을 가진 사람이 회사의 주인입니다. 주주가 경영인이고 자기 회사인 경우도 많지만, 주식회사인 만큼 완전히 자기 회사라고는 할 수 없습니다. 주주가 여러 명이기 때문이죠.

그럼 회사가 돈을 많이 벌면 어떻게 할까요? 주주들에게 1주당 얼마씩 일정한 기준으로 회사가 번 돈을 나눕니다. 배당은 주식으로 주는 '주식배당'과 현금으로 주는 '현금배당'이 있는데, 대부분 '현금배당'을 합니다.

예를 들어, 'JYP 엔터테인먼트'는 시가총액 1조가 넘는 큰 회사입니다. 이름이 JYP니까 회사가 대표 박진영 씨의 것일까요? 그렇지 않습니다. 박진영 씨의 지분은 전체의 18% 정도 됩니다. 나머지는 수많은 주주가 나눠서 가지고 있습니다. 회사가 주식시장에 상장하는 순간, 더 이상 개인 회사가 아니게 됩니다. 박진영 씨는 'JYP 엔터테인먼트'의 주식 보유량이 가장 많은 개인이자 경영자인 셈이죠.

그럼 'JYP 엔터테인먼트'가 번 돈은 어떻게 할까요? 주주들끼리 공평하게 나눠야겠죠. 경영은 박진영 씨가 했어도 소유 개념인 주주는 여러 명이기 때문입니다. 그래서 1년 동안 열심히 일하고, 얼마를 벌었다는 이익이 확정되면, 주주들에게 일정 금액의 이익을 배분합니다. 그래서 용어 자체도 '배당'인 거죠.

우리나라의 많은 기업들은 보통 '연말 배당'을 합니다. 12월 마지막 날 주식을 가지고 있는 사람들은 배당받을 자격이 생기고, 다음 해에 배당을 받게 됩니다. 1년 중에 언제 주식을 샀는지는 중요하지 않습니다. 12월 마지막 날에만 가지고 있으면 되지요.

그렇다면 배당기준일이 조금 지나서 산 사람은 억울하겠죠? 이런 형평성 때문에 생긴 것이 '배당락'입니다. 간단히 말하면 배당을 받는 사람은 5% 정도의 현금을 받고, 그 뒤에 주식을 사는 사람은 배당을 받지 못하기 때문에 주식을 5% 정도 싸게 살 수 있게 해주는 것입니다. 그래서 배당락이 5%만큼 생기면 자동으로 가격이 내려갑니다.

기업마다 배당을 주는 횟수와 시기가 다른데, 분기 배당을 하는 곳은 1년에 4번, 반기 배당하는 곳은 1년에 2번 줍니다. 연말 배당하는 곳은 1년에 1번이고요. 하지만 배당이 의무사항은 아닙니다. 그해에 영업 활동이 잘 안 되면 배당을 줄이거나 안 하기도 합니다. 그래서 배당주를 고를 때는 안정적으로 배당을 주고 있는지 확인하는 게 중요합니다.

우리나라에도 배당을 유난히 많이 주는 종목들이 과거부터 있었습니다. '한국전력' 'SK텔레콤' '현대차' 'KT&G' '맥쿼리인프라' '삼성화재' 등. 이런 우량한 회사들의 주식을 가지고 있는 것만으로도 4~5%씩 배당을 받았지요. 하지만 과거에는 기준금리가 높아서 은행 이자만으로도

Q 배당을 많이 주는 회사가 무조건 좋은가요?

A 상황에 따라 다릅니다. 일반적으로 회사가 돈을 많이 버는 것은 좋은 일입니다. 게다가 그 돈을 나눠준다니 주주들에게도 좋고요. 그런데 워런 버핏의 회사인 '버크셔 해서웨이'처럼 배당을 아예 안 하는 회사도 있습니다. 회사가 돈을 번 것을 주주들에게 뿌리는 대신 계속 자금을 모으고 있다가 다른 회사를 인수할 때 사용합니다. 그래서 배당을 하지 않는 거지요.

배당을 받지 못하지만, 회사가 성장하고 주가가 계속 올라가니 주주들은 불만이 없습니다. '버크셔 해서웨이'의 주가는 계속 올라 현재는 1주에 4억 원 정도입니다. 배당을 하면 회사의 재정 여력이 없어지는 것이기 때문에 배당이 많다고 해서 무조건 좋다고 할 수는 없습니다.

충분했기 때문에 군이 배당주라서 가지고 있을 이유는 없었습니다. 주식을 하더라도 배당 수익률보다 개별주의 기대수익률이 더 높았고요.

그런데 지금과 같은 저금리의 시대에는 5%가 넘는 배당의 매력이 그 어느 때보다 돋보이고 있습니다.

🔍TIP 좋은 배당주를 고르는 법

높은 배당을 주는 기업 중에는 주식을 모르는 분들도 알 만한 대기업들이 많습니다. 큰 기업인 만큼 갑자기 도산하거나 망하는 일도 없고요. 시장이 큰 폭으로 하락해도 배당주는 나름 잘 버티는 모습을 보여줍니다. 배당주는 하락하더라도 배당만으로 손실이 메꿔지기 때문에 시장이 어려워지면 사람들은 배당을 주지 않는 기업의 주식부터 매도합니다.

그럼 지금부터 여러분이 스스로 좋은 배당주를 찾는 방법을 소개하겠습니다.

❶ 포털 검색창에 '네이버 금융'을 입력한 후 들어간다.

② 상단에 '국내증시'를 누르고, 왼쪽의 '배당'을 클릭한다.

현재 주식 중에서 배당수익률이 높은(주가 대비) 것부터 정렬된다.

③ 첫 페이지에 나오는 상위 50개 기업을 확인한다.

배당수익률이 5% 넘는 것들이다. 쭉 한번 훑어보면 익숙한 회사들이 많이 나온다.
오렌지라이프, 두산, SK이노베이션, 효성, 현대차, 기업은행 등.

④ 상위 기업 중 시가총액 1,000억 원 이하는 제외한다.

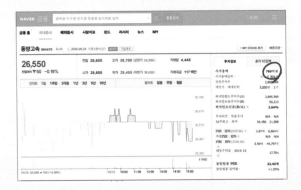

⑤ 남은 기업들이 안정적으로 배당을 주고 있는지 확인한다.

'최근 연간 실적'을 통해 배당금이 일정한지, 배당금이 갑자기 줄지는 않았는지 확인한다. 매출, 영업 이익, 순이익을 비교하며 변동이 심하거나 안정적이지 않다 싶으면 제외한다. 회복세가 너무 높은 것도 빼는 것이 좋다.

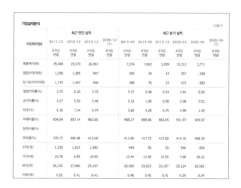

⑥ 마지막까지 남은 종목 중에서 마음에 드는 기업을 선택한다.

이렇게 하면 종목이 10개 정도 남는다. 남은 기업들은 하나씩 증권사의 홈페이지에서 검색해 기업 분석 리포트를 읽어보면서 최종 선별한다.

| 4단계 |
투자자산 관리하기

    주식은 투자의 세계에서는 가장 중요한 자산이자 자본주의의 핵심입니다. 그만큼 많은 사람들이 이용하는 투자수단이기 때문에 거래절차나 사고파는 것이 간단합니다. 하지만 이런 손쉬운 접근 때문에 오히려 자신만의 투자 원칙이 세워져 있지 않다면 큰 손해를 볼 수 있습니다.

    주식투자를 시작한다면 꼭 기억해야 할 것은 '주식에 정답은 없다'는 것입니다. 정답이 없기에 많은 사람들이 각자의 방법으로 투자합니다. 주식투자에 성공한다고 해도 시기별로 좋은 결과를 얻는 방법이 다르기 때문에 같은 방법으로 주식을 한다고 해서 무조건 수익을 보는 것은 아닙니다.

이처럼 주식에 정답은 없지만, 오답은 있습니다. 반드시 피해야 하는 것이 있죠. 바로 '단타 매매'입니다. 단타 매매가 수익을 빠르게 가져다줄 것 같지만, 결국엔 제자리를 맴돌거나 잃게 만듭니다. 수천 명의 고객들의 자산을 관리하며 쌓아온 제 경험에서 비롯된 빅데이터입니다. 물론, 예외적으로 천운이 따라주어 수익을 본 사람도 있겠지만, 대부분은 잃고 맙니다.

제 경험의 빅데이터에 따르면 결국 돈 버는 사람들은 아주 진득한 사람입니다. 시간을 자기편으로 만들 줄 아는 사람들이 수익을 냅니다.

주식 전문가라는 말은 없습니다. 애널리스트는 경제를 거시적인 관점에서 바라보며 주식을 이야기하는 것이고, 공대 교수님은 프로그램을 만들어서 주식시장에 도전하는 것이고, 집에서 육아를 하는 주부님들은 직접 사용해보고 마음에 드는 기업에 투자하는 것입니다. 다들 자신의 생각대로 주식을 합니다. 그중 잘되는 것은 그 시점에 들어맞는 전략이었기 때문입니다. 많이 안다고 많은 수익을 내는 것은 결코 아니라는 이야기지요.

그렇기 때문에 주식에 대한 지식이 적다고 절대 불리하거나 실패하는 것이 아닙니다. 누군가가 내가 고른 종목을 보면서 "야, 너 이 종목 재고자산회전율 확인했어?" "PBR이랑 EV, EBITDA는 확인하고 산 거야?"라고 물어도 주눅들 필요가 없습니다.

투자를 할 때의 정보는 크게 두 가지로 나뉩니다. '알아두면 좋을 정보'와 '반드시 알아야 하는 정보'가 그것입니다. 사람들이 흔히 말하는 것들의 대부분은 '알아두면 좋을 정보'이기 때문에 몰라도 큰일이 생기는 것은 아닙니다.

제 경험을 떠올려보면 너무 모르는 사람들은 좋은 수익을 내지 못합니다. 하지만 과하게 많이 아는 사람들도 좋은 수익을 내지 못합니다. 잘 아는 사람에겐 시장이 항상 위기로 보이기 때문이죠. 오히려 적당히 알고 지속적으로 관심을 가지는 사람들이 좋은 수익을 만들어냅니다. 그래서 공부를 다하고 나서 주식을 시작하겠다고 생각하지 말고, 마음먹었으면 내가 좋아하는 종목부터 사볼 것을 추천합니다. 그럼 지금부터 주식에 대해 알아볼까요?

국내주식

국내주식은 이렇게 활용합니다 ←

■ 포트폴리오의 투자자산 비율에 '국내주식'을 포함하고자 할 때

주식시장이란 주식을 사고파는 시장입니다. 우리나라에는 코스피 시장과 코스닥 시장이 있고, 이 시장들은 모두 '한국거래소'라는 곳에서 관리하고 있습니다. 쉽게 말해, 한국거래소라는 큰 관리인이 있고,

그 안에 종류가 다른 수산시장과 야채시장이 있다고 보시면 됩니다.

코스피 시장은 '유가시장' 혹은 '유가증권시장'이라고도 불립니다. 정확히는 코스피는 지수고, 유가증권시장은 시장의 이름이지만 섞여서 쓰이고 있지요.

코스피에는 우리가 잘 아는 '삼성전자' 'SK' 'LG' 'POSCO'처럼 전통적인 대기업 위주로 들어 있다면, 코스닥에는 '씨젠' '카카오게임즈' 'CJ ENM' '컴투스'처럼 바이오나 콘텐츠 등 좀 더 신기술을 다루는 벤처기업들 위주로 들어 있습니다.

하지만 시간이 갈수록 이 경계는 허물어지고 있습니다. 예전에는 코스피가 메이저 리그라면 코스닥은 마이너 리그 같은 느낌이 있었지만, 지금은 그렇지 않습니다. 미래 기술에 대한 가치를 더 높게 평가하는 경우가 많기 때문이죠. 그래서 신기술인 것 같은 '카카오'는 코스피 시장에 있고, '셀트리온'처럼 코스닥에 있다가 코스피로 이동하는 일도 생겼습니다.

지수 종류

우리가 알아두어야 하는 지수는 '코스피' '코스닥' '코스피200' 정도입니다. 이 지수는 내가 속해 있는 대한민국의 주식시장이 어느 정도로 움직이고 있는지 가늠하게 하는 기준이 됩니다.

코스피(KOSPI, Korea Composite Stock Price Index)는 '종합주가지수'를 뜻합니다. 우리나라의 가장 대표적인 지수이고, 2020년 9월 16일 기준으로 코스피는 2445에 와있습니다.

이런 생각을 하는 분들이 있을 것 같아요. "코스피지수를 100을 기준으로 하면 편리할 거 같은데, 2400 정도이니 헷갈리네." 하지만 코스피는 100에서 시작했습니다. 1980년 1월 4일에 100으로 출발했고, 현재 상장된 기업들의 주식을 싹 모아서 그때 기준으로 비교해서 나타내기 때문에 2400이 된 것입니다. 1980년부터 지금에 이르기까지 시장이 얼마나 성장했는지 실감할 수 있겠죠?

아래 차트가 40살이 된 코스피의 차트입니다. 제가 현업에 있을 때는 코스피지수가 장기간 일정한 폭 안에서만 움직였던 '박스피'라서 지금의 2445라는 수치가 놀랍고, 너무 높게 느껴지기도 합니다.

아래 차트에서 ①은 IMF 때 지수이고, 당시 코스피는 277입니다.

■ 코스피 40년 차트 변화 ■

출처 : 한국거래소

②는 미국의 서브프라임 모기지가 터졌을 때 찍은 892입니다. 그다음 ③은 2020년 상반기 코로나19 사태가 터졌을 때 찍은 1439입니다.

이처럼 코스피가 크게 하락한 것에는 명확한 사건의 이름을 붙일 수 있습니다. 가장 높은 곳은 2018년 1월에 찍은 2607입니다. 지금은 급격하게 올라와서 2400을 넘었으니 상당히 많이 올라왔다고 볼 수 있죠.

종목 이름

우리나라는 종목 이름과 함께 6자리의 숫자인 종목 코드를 씁니다.

삼성전자 → 005930
하이닉스 → 000660
NAVER → 035420
현대차 → 005380

종목 코드를 사용하는 이유는 종목을 검색할 때 생기는 오류를 방지하기 위함입니다. 종목 이름에는 알파벳 대소문자의 구분도 필요하고 이름이 비슷한 기업들도 많습니다. 한번은 '씨큐브'에 호재가 있었는데, 사람들이 검색을 잘못해서 '시큐브'가 같이 올라간 일도 있었죠. 두 회사는 완전히 다른 회사거든요.

이런 오류를 피하고 정확하게 주문을 내기 위해 6자리 숫자로 된 종목 코드를 사용하는 것입니다. 또 제가 현업에서 일할 때는 주문을 빠르게 내기 위해 종목 코드를 사용했습니다. 기업명을 종목창에 입력하면 이름이 비슷한 다른 기업들이 너무 많이 나오기 때문에 자주 쓰는 코드를 외워두는 거죠. 하지만 요즘은 대부분 스마트폰으로 주문하기 때문에 숫자를 칠 일이 거의 없어졌습니다.

주문 시간

주식시장도 시장이기 때문에 '장이 열린다'라고 표현합니다. 열려 있는 동안은 '장중' '장시간' '정규장'이라고 표현하죠. 평일인 월요일부터 금요일까지 열리고 주말은 쉽니다. 공휴일이나 근로자의 날에도 쉬고요. 거래소의 직원도 근로자이고, 주문 내는 증권사 직원도 근로자이기 때문이죠. 또 한 해의 마지막 날에도 장이 열리지 않습니다. '납폐일' '폐장일' '휴장일' 등으로 부릅니다.

국내 주식시장은 오전 9시부터 오후 3시 30분까지 열립니다. 그러나 장이 끝나기 10분 전인 오후 3시 20분부터 3시 30분까지는 조금 다른 방식으로 주문이 들어가기 때문에 우리는 오전 9시부터 오후 3시 20분까지 주문을 낼 수 있다고 생각하면 됩니다.

또한, '시간외종가' '시간외단일가' 등 정규장 앞뒤로 주문을 낼 수 있는 시장이 따로 열리는데, 이것은 정말 급한 경우 이용할 수 있는 시장이라는 것 정도로만 알고 있으면 좋습니다.

결제 방식

주문을 낼 때는 3단계를 기억하면 됩니다. '주문-체결-결제'입니다.

주문은 내가 '사겠다' 혹은 '팔겠다'라고 입력하고 주문 버튼을 누르는 순간 바로 진행됩니다. 이렇게 나간 주문은 시장에서 '체결' 혹은 '미체결'이 될 수 있습니다. 만약 내가 10주를 주문했어도 체결은 7주만 될 수도 있습니다. 판 사람이 그만큼 없기 때문이죠. 나머지 3주는 장이 끝날 때까지 체결되지 않으면 자동으로 주문 취소가 됩니다.

체결된 7주에 대해서는 2영업일 뒤에 결제됩니다. 결제란 내 계좌에서 실제로 돈이 빠져나가는 것을 말합니다. 월요일에 체결이 되었다면 수요일에 결제되고, 수요일에 체결이 된 주문은 금요일에 결제가 완료됩니다.

 체결된 주식 결제일 확인하는 방법

체결과 결제가 이틀 동안 떨어져 있기 때문에 많은 분들이 계좌를 보며 헷갈려 하는데요, 헷갈리지 않는 방법이 있습니다.
예수금 탭에 들어가서 나오는 숫자 중에 (D+2)라고 떠 있는 이 날의 숫자가 아직 내가 주문을 낼 수 있는 여유 날이라고 생각하면 됩니다. 이게 0에 가까워질수록 주문을 낼 여력이 얼마 남지 않은 것입니다.

정산 방식

사고팔 때 곧바로 결제되면 편리할 것 같은데, 왜 2영업일 이후에 결제가 되는 걸까요? 기본적으로 주식시장은 일일정산 방식을 택하고 있습니다.

주식은 한 사람이 하루에도 수십 번씩 사고팔 수 있습니다. 거래가 너무 많기 때문에 모든 주문을 결제하고 추적한다는 것은 비효율적이죠. 그래서 주식시장은 장이 마감되면 그 결과만 정산하는 시스템을 취하고 있습니다. 그렇기 때문에 오늘 주식을 팔았으면 실제로 2영업일 뒤에 돈이 들어오지만, 그때까지 기다리지 않고 오늘 재매수를 할 수도 있습니다.

상한가 / 하한가

주식의 가격이 하루에 너무 많이 오르거나 너무 많이 떨어지면 혼란이 올 수 있기 때문에 '가격제한폭'이라는 것이 정해져 있습니다. 하루 동안 30%만큼만 오르고 내릴 수 있죠. 이 범위까지 오르고 내리는 것을 상한가·하한가라고 부릅니다.

상한가는 주식투자자들이 가장 좋아하는 말입니다. "나 오늘 상한가 맞았어. 날아갈 거 같아"라고 하곤 하죠. 참고로 상승의 힘이 아주 강한 종목은 장이 열리는 오전 9시부터 상한가로 시작해서 그대로 장을 마치는 경우가 있습니다. 이때는 차트상에 움직임 없이 점만 찍힌다고 해서 '쩜상'이라고 부릅니다. 쩜상은 주주들에게는 가장 아름다워 보이는 숫자겠죠. 반대로 하한가에서 움직임이 없는 '쩜하'는 재앙이고요.

비용

주식을 매매하기 위해 우리가 지불하는 비용에는 크게 3가지가 있습니다. 증권사에 내는 '매매수수료'와 거래소에 내는 '증권거래세', 증권업 관련 기관들에게 내는 '유관기관 수수료'가 그것입니다.

증권사의 매매수수료는 증권사의 어떤 서비스를 이용하느냐에 따라 수수료율이 다릅니다. PB가 상담하고 주문을 내주면 거래 금액의 0.5%, 내가 스스로 스마트폰에서 주문을 내면 0.2%, 온라인 전용 계좌를 열고 스마트폰으로 내면 0.015%, 증권사의 평생 우대 이벤트 등을 이용하면 0%입니다. 증권거래세는 매도할 때만 0.25%를 내며, 유관기관 수수료는 증권사별로 약간씩 다르지만, 보통 0.003%에서 0.004% 수준입니다.

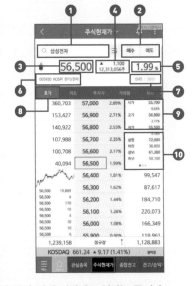

주식 매매 방법

주식을 사기 위해서는 현재가창, 주문창, 체결창 이렇게 3가지만 알면 됩니다.

1 | 현재가창

증권사 앱에 들어가서 메인화면에 '주식 현재가' 탭을 누르면 아래와 같은 화면이 나타납니다. 주식이 현재 얼마에 거래되고 있는지를 나타내는 화면입니다. 대부분의 증권사가 거의 동일한 화면을 보여줍니다.

❶ 지금 보고 있는 종목 이름이다. 옆에 돋보기를 이용해 다른 종목을 검색할 수 있다.

❷ 버튼을 누르면 해당 종목의 주문창으로 넘어간다.

❸ 해당 종목의 현재 주가이다. 장중에 본다면 이 금액은 시시각각 변한다.

❹ 전날 대비해서 1,100원이 오른 상태라는 뜻이다. 전날에는 55,400원에서 장이 끝난 것을 알 수 있다.
그 아래 '12,313,056주'라고 적혀 있는 것은 오늘 거래량을 뜻한다. 해당

종목의 주식이 오늘 하루에만 1,200만 주가 넘게 거래되고 있다는 뜻이다. 현재 금액으로 계산해보면 하루에 7천억 원이 거래되고 있다는 것을 알 수 있다.

5 전 영업일 기준으로 1.99%만큼 올랐다는 뜻이다.

6 '005930'이라고 적힌 6자리 숫자는 종목 코드이고, 그 옆의 'KOSPI'는 이 주식이 코스피 시장에 상장되어 있다는 뜻이다. 또 그 옆에 '전기 / 전자'는 해당 종목이 속해 있는 산업군을 말한다.

7 '신45'는 증권사로부터 돈을 빌리는 신용거래를 할 때 주식을 살 수 있는 비율이다. 45만 원만 있으면 100만 원어치의 삼성전자 주식을 살 수 있다는 뜻으로, 나머지 55만 원은 증권사가 빌려주는 것이다.
그 옆의 '증20'은 증거금률이 20%라는 뜻이다. 증거금이란 신용거래를 위해 투자자가 증권사에 보증하는 돈을 의미한다. 여기서는 주식계좌에 20만 원이 있으면 100만 원어치를 매수할 수 있다는 뜻이다.

8 사람들이 내놓은 주문이다. 주식도 시장이기 때문에 사람들이 사거나 팔길 원하는 금액으로 주식을 내놓는다. 가격별로 호가가 쌓여 있는 것이 보인다.
화면 가운데 56,500원을 기점으로 백 원 단위의 금액이 위아래로 쭉 나열돼 있다. 위는 팔고자 하는 가격이고, 아래는 사고자 하는 가격이다.
만약 56,400원으로 주식을 체결하려면 나보다 먼저 이 가격에 주문을 내놓은 99,547개의 주문이 체결되고 나야 순서가 온다. 만약 '56,500원'으로 사겠다고 한다면 주문을 내자마자 체결된다. 담는 것이 중요하다고 생각하면 가운데 선의 금액인 현재가로 주문을 넣으면 바로 주문이 체결된다.

9 '시가'는 오늘 장이 시작할 때 출발한 가격이고, '고가'와 '저가'는 오늘 하루 중 움직였던 것 중에 가장 높이 올라간 것과 가장 낮게 내려간 것을 말한다.

10 '상한 / 하한'은 오늘 장의 상한가와 하한가를 말한다. 지금 가격인 56,500원이 오늘 상한가로 갈 경우 최대 72,000원까지 오를 수 있고, 최소 38,800원까지 떨어질 수 있다는 뜻이다.
'VI'는 주가가 급격하게 변동하는 것을 제어하기 위한 것으로, 해당 금액에 도달하면 일시적으로 거래가 멈췄다가 시간이 지나면 다시 풀린다.

2 | 주문창

현재가창에서 매수 버튼을 누르거나 현재가에 나열된 금액 중 사고자 하는 금액을 터치하면 주문창으로 넘어갑니다.

금액을 터치하고 주문창으로 넘어올 경우에는 단가에 이미 '56,500원'이 입력되어 있습니다. 이 경우엔 수량만 입력하면 됩니다.

① 내 돈으로 사는지, 증권사에 돈을 빌려서 사는지 선택하도록 구분되어 있는 것이다.

② '수량'에는 내가 원하는 수량을 기재한다. '가능' 버튼은 위탁계좌에 있는 금액으로 살 수 있는지 확인하는 것으로 미수금이 생기는 것을 방지한다.

③ 총금액을 확인하고 매수 버튼을 누르면 곧바로 매수에 들어간다. 체결되면 체결이 되었다고 뜬다.

3 | 체결창

주문창에서 '미체결'을 누르면 체결창으로
넘어갑니다. 만약 오늘 내가 주문한 주식 중
에 아직 체결이 안 된 것이 있다면 그 내역
이 보입니다.

해외주식

해외주식은 이렇게 활용합니다

- 포트폴리오의 투자자산 비율에 '해외주식'을 포함하고자 할 때
- 포트폴리오의 안전성을 높이기 위해 국가분산을 원할 때

혹자는 "미국주식이 빠져 있는 포트폴리오는 포트폴리오가 아니

다"라고 할 만큼 강하게 미국 투자를 강조하는데요. 미국주식을 해야 하는 가장 큰 이유는 미래를 선도할 좋은 기업들이 많기 때문입니다. 미국 기업들은 글로벌 1등이라는 것 이상으로 세계의 기준을 만들어 냅니다. 4차 산업혁명이라고 불리는 인공지능, 전기차, 자율주행, 클라우드 컴퓨팅, 빅데이터 등의 시장을 미국 기업들이 대부분 이끌고 있죠. 주식투자는 좋은 기업을 사는 개념이기 때문에 좋은 기업이 있다면 투자하지 않을 이유가 없습니다.

미국 시장에 상장된 상위 기업들은 우리가 대부분 익히 들어본 곳들입니다. 이들이 글로벌시장을 대상으로 하기 때문이죠. 마이크로소프트, 애플, 페이스북, 구글, 존슨앤존슨, 비자, 마스터카드, 코카콜라

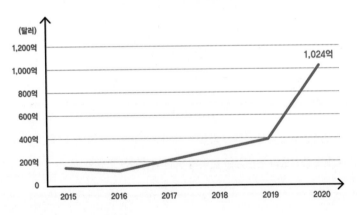

■ 연도별 해외주식 결제액 ■

출처 : 예탁결제원

등. '시장을 산다'고 생각하는 '자산배분러'뿐만 아니라 '기업을 산다'고 생각하는 '밸류러'들도 좋아할 만한 기업들이 미국에 많습니다.

미국에 주식을 사야 하는 또 다른 이유는 '국가분산'이 가능하기 때문입니다. 자산배분을 하는 이유는 서로 다른 방향으로 움직이는 자산들을 함께 가지고 있기 위함입니다. 마찬가지로 국가 분산투자를 하는 이유도 어느 나라에 무슨 일이 생길지 모르고, 어디의 증시가 더 좋을지 모르기 때문입니다.

지수 종류

우리나라에 코스피와 코스닥이 있듯이 미국시장에도 '뉴욕증권거래소'와 '나스닥'이 있습니다. 뉴욕증권거래소가 전통적인 대기업을 중심으로 한다면, 나스닥은 벤처기업이나 IT기업이 중심입니다. 우리나라와 구성이 비슷한 이유는 우리나라가 미국시장을 벤치마킹했기 때문이죠.

뉴욕증권거래소의 시가총액은 2경 6,000조 원, 나스닥의 시가총액은 1경 2,000조 원 정도 됩니다. 우리나라의 코스피 시장이 1,156조 원, 코스닥이 191조 원(2020년 3월 27일 기준) 정도 되니까 미국 시장의 규모가 어느 정도인지 짐작되겠지요.

시장에는 종목의 수가 많기 때문에 일정한 기준으로 종목을 뽑아서 '지수'라는 것을 만듭니다. 우리나라의 경우, 코스피 시장을 대표하는 200개 기업을 뽑은 '코스피200' 지수를 가장 많이 사용하지만 시장 자체가 크지 않아서 코스피지수, 코스닥지수를 그냥 그대로 씁니다.

미국의 경우, 주식시장을 대표하는 지수는 '다우존스지수' 'S&P500지수' '나스닥지수' 이렇게 3개가 있습니다. '다우존스지수'는 미국 30개 대표 종목 주가를 산술 평균한 지수이고, 'S&P500지수'는 '스탠더드 앤드 푸어스(Standard&Poor's)'라는 신용평가사에서 자체적인 기준으로 뽑은 500개의 기업으로 만든 지수입니다. 이 두 지수가 가장 많이 쓰입니다. '나스닥지수'는 3,000개 정도 되는 종목을 모두 써서 지수로 표현한 것이고요.

종목 이름

우리나라가 종목 이름 대신 6자리 숫자로 된 종목 코드를 쓴다면 미국은 알파벳 코드를 씁니다. 종목마다 고유의 알파벳 코드가 있어서 오류를 방지할 수 있죠.

마이크로소프트는 'MSFT', 애플은 'AAPL', 아마존은 'AMZN', 구글은 'GOOG', 인텔은 'INTC', 넷플릭스는 'NFLX', 어도비는 'ADBE', 코스트코는 'COST', 테슬라는 'TSLA', 버크셔 해서웨이는 'BRK.A', 디즈니는 'DIS', 맥도날드는 'MCD' 등으로 되어 있습니다.

주문 시간

미국의 주식시장이 열리는 시간은 우리 시간으로 밤 11시 30분에서 새벽 6시까지입니다. 미국에는 서머타임(summer time)이라는 게 있어서 매년 3월 둘째 주 일요일부터 11월 첫째 주 일요일까지는 1시간씩 앞당겨집니다. 그래서 서머타임에는 우리 시간으로 밤 10시 30분부터 새벽 5시까지 주식시장이 돌아갑니다.

국내주식과 미국주식에는 기본적으로 '주문하는 날짜'와 '결제되는 날짜'에 차이가 있습니다. 이해하기 쉬운 방법은 주식을 사는 과정이 택배를 받는 것과 비슷하다고 생각하면 됩니다. 미국주식을 우리가 주문하면 체결이 완료되고 3일 뒤에 옵니다. 해외라서 국내보다 하루 더 걸린다고 이해하면 간단하죠. 예를 들어, 월요일에 매도한다면 국내주식은 수요일에 내 계좌에 들어오지만, 미국주식은 목요일에 들어옵니다.

결제 방식

미국주식은 달러를 씁니다. 그래서 앱 내에서 해외주식을 매수하기 전에 '환전'이라는 메뉴를 통해 환전을 먼저 하고 주문을 넣어야 합니다. 그래서 내가 해외주식을 가지고 있으면 그 금액만큼 '달러 자산'을 가지고 있기도 한 것입니다.

요즘엔 많은 증권사들이 '원화결제 서비스(통합증거금 서비스)'를 도입해서 별도의 환전 없이 원화로 해외주식 주문을 내고 체결이 된 만큼 환전을 해주는 서비스를 제공하고 있습니다.

15분 지연 시세

미국주식에서 유의해야 할 사항은 대부분의 증권사가 보여주는 미국주식의 시세가 15분 전의 가격이라는 것입니다. '지연시세'라고 부르지요. 국내주식은 실시간으로 시세가 보이지만, 해외주식은 실시간 시세 정보를 증권사가 유료로 공급받기 때문에 고객에게 약 5~8달러 정도의 이용료를 받습니다. 또는 고객이 거래 금액을 충족했을 경우 무료로 보여주기도 합니다. 최근에는 무료로 실시간 시세를 서비스하는 증권사도 생겼습니다.

 해외주식을 할 때 참고하면 유용한 사이트

해외 뉴스 : 블룸버그 닷컴 https://www.bloomberg.com
종목 검색 : 야후 파이낸스 https://finance.yahoo.com
해외기업의 리포트 : 증권사의 홈페이지
미국ETF 정보 : ETF닷컴 https://www.etf.com
해외주식 정보나 실시간 시세 확인 : 인베스팅닷컴 https://kr.investing.com

 해외주식 매수 방법

❶ 증권사 앱에서 '메뉴-트레이딩-해외주식-환전'으로 들어간다.

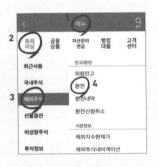

② 투자금을 입금하고 달러로 환전한다.

③ 해외주식 검색창에 원하는 종목을 검색한다.

④ 현재 주가를 확인하고, 수량과 금액을 입력하여 매수한다(국내주식과 동일).

⑤ 해외주식 매수 완료

| 5단계 |
연금자산 관리하기

만약 누군가가 제게 꼭 가입해야 하는 세 가지 상품을 꼽으라고 한다면, 거기에 반드시 들어가는 것이 '연금저축'입니다. '100세 시대'라는 말처럼 우리는 100살까지 살아야 합니다. 하지만 직장생활은 어떤가요? 50~60대가 되면 은퇴를 준비해야 합니다. 인생의 절반을 일하지 못하는 상태로 보내야 할지도 모르는 것입니다. 그러면 남은 인생은 어떻게 될까요?

'오늘 당장 먹고살기 바쁜데 30년 뒤의 일을 왜 걱정해야 하나?'라고 생각하거나 '그때가 되면 노후를 위한 일자리가 생기지 않을까?'라고 막연히 생각하는 분들도 있습니다. 하지만 2060년에는 전체 인구의 43.9%가 노인이라는 통계청의 분석처럼, 지금의 20, 30대가 노인이 될 즈음엔 노후를 위한 일자리 경쟁마저 치열해질 것입니다.

'서울대 노년·은퇴설계 지원센터'에 따르면, 1인당 노후 자금을 현물가로 환산하면 한 달에 최소 155만 원에서 228만 원(적정 수준)이 필요합니다. 매달 200만 원씩 연금이 나오게 하려면 지금부터 저축을 많이 해야 하는 거죠.

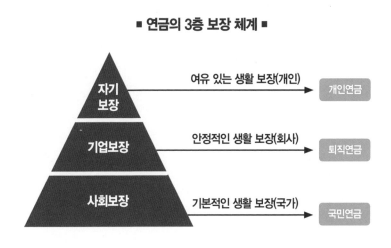

■ 연금의 3층 보장 체계 ■

우리가 노후에 쓸 수 있는 재원은 국민연금, 퇴직연금, 개인연금으로 이루어져 있습니다. 이것을 '연금의 3층 보장 체계'라고 부르지요. 국민연금은 정부가 운영하기 때문에 개인이 신경 쓸 것이 없이 준비되고, 퇴직연금도 거의 의무화되고 있습니다. 문제는 이 두 개를 합쳐도 금액이 그리 크지 않다는 것입니다. 물가에 따라 다르겠지만, 어림 잡아 계산하면 이 둘을 합쳐도 우리가 필요로 하는 노후 자금의 절반 정도의 수준입니다. 즉, '노후의 생활 수준은 개인연금에 달려 있다'고 생각해도 될 정도로 개인연금이 중요합니다.

국민연금도 고갈된다는 얘기가 나오는 시점에서 국민들이 젊을 때 자기 돈으로 각자의 노후를 준비한다면 국가 입장에서는 어떨까요? 아주 이롭겠죠. 그래서 국가는 국민들이 자발적으로 개인연금을 운용 하도록 개인연금에 세제 혜택(세액공제 16.5%)을 부여했습니다. 그러고 는 재형저축, 소장펀드, ISA 등 기존에 세금 혜택이 있던 계좌들을 모 두 없애버렸습니다. 거의 유일하고 압도적인 세액공제 혜택을 가진 계좌가 바로 '연금저축'입니다. 지금부터 연금저축과 퇴직연금에 대해 알아볼까요?

연금저축

연금저축은 이렇게 활용합니다 ←

- 노후에 연금을 받기 위해 일정 금액을 모으고자 할 때
- 세액공제 혜택을 받으려 할 때

'연금저축'은 노후준비를 위한 상품의 이름입니다. 증권사뿐만 아니라 은행이나 보험사에서도 만들 수 있지요. 증권사와 은행에서는 '연금저축펀드', 보험사는 '연금저축보험'이라는 이름으로 판매합니다.

종류는 다양해도 세제 혜택은 같습니다. 연 1,800만 원까지 자유롭게 금액을 나눠서 부을 수 있고, 연말정산이나 종합소득세 신고 시 연간 납입액 중 최대 400만 원 한도에서 최대 16.5%까지 돌려받을 수 있습니다. 이렇게 모은 연금은 55세 이후(최소 5년 납부) 10년 이상 나눠 연금으로 타서 쓸 수 있습니다.

연금저축에서 달라지는 결정적인 부분은 수익률입니다. 보험사를 제외한 증권사와 은행에서는 연금저축에 담긴 자금을 어떤 펀드로 굴릴지 스스로 골라서 운용하므로 그에 따른 수익률은 천차만별입니다. 요즘은 확정금리가 낮아서 증권사에서 연금저축을 하는 분들이 늘어나는 추세이죠. 은행에서도 펀드로 운용이 가능하지만 상품의 종류는

세액공제 효과를 고려한 연금저축 수익률 현황(단위 : %)

	펀드	신탁	생명보험	손해보험	예금은행 적금	저축은행 적금
최고	9.00	5.19	6.58	5.67	–	–
최저	3.78	3.85	4.57	4.78	–	–
평균	7.75	4.42	5.60	5.33	3.10	4.19
표준편차	2.07	0.30	0.57	0.24	–	–

출처 : 금융감독원 / 2018년 7월 기준

증권사가 더 많습니다.

앞의 표에서처럼 연금소득세를 반영하면, 연금저축펀드를 통해 우리가 얻을 수 있는 세후 평균 수익률은 7.1% 정도입니다. 시장 상황이 안 좋아져서 손실을 볼 수 있지만, 장기적으로는 회복과 성장을 하기 때문에 연금을 펀드로 준비하는 것이 좋습니다.

연금저축은 특정 상품에 투자하지 않고 현금으로만 넣어도 계좌에 들어 있는 돈이 집계되기 때문에 세액공제가 가능합니다. 연금소득세는 연금을 받기 전까지 과세가 이연되다가 연금수령 시 3.3~5.5%의 저율과세가 적용됩니다.

이처럼 연금저축은 다른 상품이나 계좌에는 없는 고유한 장점이 많은 계좌입니다. 해지하지 않고 노후까지 잘 준비한다면 분명 큰 도움이 될 수 있습니다.

많은 사람들이 먼 미래의 화폐 가치를 걱정합니다. 미래에 받는 월 100만 원의 연금은 가치가 매우 낮아질 것이기 때문에 노후에 별 도움이 안 된다고 생각하죠. 하지만 역으로 생각해보면 그렇기 때문에 더 적극적으로 연금저축을 해야 합니다. 더 많은 노후자금이 필요하기 때문에 더 많이 모아야 하는 거죠. 게다가 시장에 적극적으로 투자하고 장기적으로 운용하면 더 높은 수익을 낼 수 있으니 하지 않을 이유가 없습니다.

연금저축 계좌 개설하고 매수하기

① 증권사 앱으로 들어가서 '메뉴-고객센터-
신청/변경-계좌개설'을 선택한다.

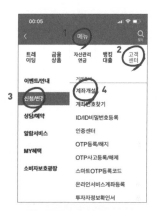

② '개인연금 계좌개설'을 선택한다.

③ CMA계좌 개설과 마찬가지로 기본정보를 입력하고, 신분증 촬영과 통보처를 지정한 뒤 납입 한도를 설정한다.

④ 정보를 입력하고 개설이 완료되면, 연금계좌에 돈을 입금한다.

⑤ '메뉴-자산관리연금-연금저축거래-개인연금 ETF매매'에 들어가 상품을 선택한다.

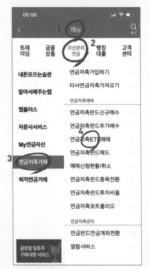

연금저축, 어떻게 운용하나요?

A 연금저축은 펀드를 매수해서 운용할 수 있습니다. ETF도 펀드이기 때문에 이 계좌에서는 '일반 펀드'와 'ETF' 둘 다 매매가 가능합니다. 이 두 개의 상품군은 넓은 투자 스펙트럼을 가지고 있습니다. 매우 보수적인 것부터 매우 공격적인 것까지 다 있죠. 이렇게 다양한 펀드 중에 내가 원하는 것을 조합할 수 있다는 것은 내가 원하는 스타일의 투자가 가능하다는 것을 뜻합니다.

CMA에 현금을 넣어두는 것과 거의 비슷한 MMF도 가능하고요. 채권형 펀드, 주식형 펀드, 혼합형 펀드, 해외ETF, 섹터ETF, 자산배분 펀드, TDF 등이 가능합니다. 단, 이 계좌에서는 레버리지나 인버스처럼 파생상품으로 구성된 펀드나 ETF는 매수할 수 없습니다.

또한 연금펀드이기 때문에 국내주식이나 해외주식, 개별 채권, ELS는 할 수 없습니다. 오직 펀드나 ETF를 통한 간접투자만 가능하죠.

퇴직연금

'퇴직연금'이라는 말은 익숙하지 않더라도 '퇴직금'은 한 번쯤 들어 보셨을 텐데요. 퇴직금은 우리가 회사에 다니는 동안 매년 한 달 치 월급만큼의 돈을 회사에서 따로 모아뒀다가 퇴사할 때 한 번에 주는 것을 말합니다. 퇴직금은 직장인에게 가장 중요한 자산이고, 퇴사 후 제2의 인생을 결정하기 위한 원천이 되지요.

하지만 간혹 회사의 사정이 어렵거나 부도가 나서 퇴직금을 받지 못하는 경우가 종종 있었습니다. 퇴직연금은 이런 위험성을 보완하기 위해 만들어졌죠. '퇴직연금'이라는 이름처럼 퇴직금을 잘 모아뒀다가 연금을 받을 시기가 되면 쪼개져서 나옵니다.

퇴직연금의 가장 중요한 포인트는, 우리가 받게 될 퇴직금을 내가 다니는 회사가 아닌 금융기관이 맡아서 관리한다는 겁니다. 이 경우 금융기관을 '퇴직연금사업자'라고 부르는데, 퇴직연금사업자는 은행, 증권사, 보험사에서 할 수 있습니다. 기업 내부에 쌓아두던 퇴직금을 은행이나 증권사 같은 금융사가 맡아서 관리하고, 퇴사하면 회사에서 그 금융기관에다가 "박곰희 과장이 퇴사했으니 퇴직금 주세요" 하고 전달하면, 금융기관에서 개인 IRP 계좌에 퇴직금을 내줍니다.

퇴직연금은 근로 중인 회사가 정한 방법에 따라 DB와 DC로 구분됩니다. 이 둘의 차이는 '퇴직금의 운용 지시를 누가 하느냐'에 있습니다. 예를 들어, 월급이 200만 원인 근로자라면, 회사에 1년 다닐 때마다 200만 원이라는 돈이 금융기관에 쌓입니다. 2년이 지나면 400만 원, 3년이 지나면 600만 원이 쌓이겠죠. 그럼 이 돈을 예금이나 펀드, 주식 등을 통해 불려야 하는데 이 돈을 어떻게 굴릴지 지시하는 걸 '운용 지시'라고 합니다.

이 운용 지시를 내가 다니는 회사에서 하면 DB(Defined Benefit, 확정급여형), 직원인 내가 직접 하면 DC(Defined Contribution, 확정기여형)으로 구분합니다.

퇴직금의 운용 지시를 '회사가' → DB
퇴직금의 운용 지시를 '내가' → DC

DB 혹은 DC로 관리되던 자금은 퇴사하면 앞에서 언급한 IRP(Individual Retirement Pension, 개인형 퇴직연금)라는 계좌로 옮겨집니다. IRP는 퇴직금을 받는 용도이지만, 이 IRP로도 개인연금을 준비할 수 있습니다. IRP는 연 700만 원까지 세액공제가 가능하다는 점 외에는 연금저축과 세액공제 혜택이 동일합니다.

개인이 운용하는 DC와 퇴사 후 만드는 IRP의 자금은 연금저축처럼 개인이 스스로 펀드를 골라 운용합니다.

Q 연금저축과 IRP, 같이해도 되나요?

A 연금저축은 막 태어난 아기나 따로 소득이 없는 주부도 개설이 가능하지만, IRP는 소득이 있는 사람만 개설이 가능합니다. 연금저축과 IRP 계좌가 여러 개 있더라도 한도는 연간 1,800만 원으로 정해져 있어 이 한도에 맞춰 금액을 쪼개서 넣어야 합니다. 세액 공제의 경우, 연금저축은 연간 납입액 중 400만 원까지 세액공제가 되는 반면, IRP는 700만 원까지 가능합니다. 이미 연금저축을 하고 있다면 거기 넣는 금액만큼은 IRP에서 중복으로 혜택을 받을 수 없습니다.

즉, 'IRP만 700만 원'을 하든지, '연금저축 400만 원/IRP 300만 원'을 하든지 선택해야 합니다. 적립식으로 한다면 둘 다 있을 경우엔 연금저축은 매월 34만 원, IRP는 매월 25만 원씩 납입하는 것으로 세팅하면 좋고, IRP 하나만 할 경우엔 매월 59만 원씩 납입하면 세제 혜택을 채울 수 있습니다.

세액공제율은 연 소득 5,500만 원 이하는 16.5%, 연 소득 5,500만 원이 넘으면 13.2%으로 구분됩니다. 연 한도가 700만 원이기 때문에 꽉 채웠을 때 연말에 세액공제 받을 수 있는 금액은 최대 115만 5천 원입니다.

연금저축&IRP 세액공제

연소득	5,000만 원 이하	5,500만 원 초과	1.2억 원 초과
공제율	16.5%	13.2%	13.2%
연금저축 공제한도	400만 원	400만 원	300만 원
IRP 공제한도	700만 원	700만 원	700만 원
전체 공제한도	700만 원	700만 원	700만 원
최대 공제금액	700만×16.5%=115.5만 원	700만×13.2%=92.4만 원	700만×13.2%=92.4만 원

펀드를 고르기가 어렵다면 TDF를!

연금저축이나 IRP 계좌를 만들었는데 어떻게 운용해야 할지 막막하다면 TDF를 추천합니다. TDF는 'Target Date Fund'의 약자로, 투자자의 은퇴 시점을 고려하여 운용하는 펀드입니다. 즉, 젊을 때는 공격적으로, 은퇴를 앞둔 시점에는 보수적으로 나이에 맞게 리스크를 관리하고 주기적으로 포트폴리오의 비중을 리밸런싱하므로 효율적입니다.

대부분의 TDF가 미국의 TDF를 벤치마킹하고 있고, 또 실제로 미국의 운용사들로부터 도움을 받고 있기 때문에 움직임은 대부분 비슷합니다. 만약 상품을 고르기 어렵다면 TDF를 활용하면서 전체 중 몇 %를 담을지 비중만 고민하는 것을 추천합니다.

chapter 6

ETF로
나만의 포트폴리오 만들기

실전! 자산배분 투자 따라하기

이제 본격적으로 자산배분 포트폴리오를 만들어볼 차례입니다.

여기서는 ETF를 활용해서 포트폴리오를 만들어볼 것입니다. ETF는 '21세기 최고의 금융상품'이라는 별명이 붙을 만큼 금융시장에서 인기 있는 투자 수단입니다. ETF의 여러 장점 덕분에 월스트리트의 펀드매니저가 아닌 평범한 우리들도 손쉽게 자산배분 포트폴리오를 짤 수 있게 되었지요. ETF를 활용하면 거의 모든 종류의 투자가 가능합니다.

여기서 예시로 드는 ETF를 그대로 따라 하기보다는 참고로 삼아 다양한 ETF를 직접 비교해보면서 나만의 포트폴리오를 만드는 것에 중점을 두길 바랍니다.

ETF로
자산배분하면 좋은 이유

ETF(Exchange Traded Fund, 상장지수펀드)는 '거래소에서 거래되는 펀드'라는 뜻입니다. 쉽게 말해, ETF는 펀드를 주식시장에서 거래할 수 있도록 상장시켜 놓은 것입니다. 펀드니까 분산투자와 간접투자를 할 수 있고, 주식시장에 상장되어 있어 거래가 용이합니다.

흔히 개인투자자들의 투자는 분산투자, 간접투자, 저비용투자, 장기투자 이 4가지를 활용하는 것이 중요한데요. ETF는 이 4가지를 모두 가능하게 합니다. '21세기 최고의 금융상품'이라는 별명이 붙을 만하죠.

미국 월스트리트에서는 ETF를 다른 투자수단과 구별하기 위해 멋

있는 이름을 붙여왔습니다. 'iShares, SPDR(스파이더)' 이런 식으로요.
우리나라에서 만들어진 ETF도 이를 따라 모두 이름을 붙이고 있지요.
ETF는 일종의 펀드이기 때문에 자산운용사에서 만듭니다. 자산운용
사들이 별도의 브랜드를 만들어서 운용하는 거죠. 대표적인 것들을
소개하면 아래와 같습니다.

삼성자산운용 → KODEX
미래에셋자산운용 → TIGER
KB자산운용 → KBSTAR
한국투자신탁운용 → KINDEX
한화자산운용 → ARIRANG

ETF는 어떤 점이 좋을까?

ETF의 장점 ←

- 소액으로 투자할 수 있다.
- 거래 비용이 저렴하다.
- 실시간 거래가 가능하다.
- 어떤 자산에 투자하는지 공개되어 있다.
- 자동으로 분산투자가 된다.

ETF의 장점은 크게 5가지입니다. 첫 번째 장점은 1주당 가격이 보통 다 저렴하다는 것입니다. 저렴한 비용으로 미국채권, 중국 선전시장의 주식, 미국시장의 금, 텍사스원유 등 사실상 거의 모든 투자가 가능합니다. 이렇게 모든 투자가 가능한 까닭은 ETF가 펀드이기 때문입니다. 수많은 투자자들의 돈을 모아 큰 투자금을 만들기 때문에 소액으로 투자할 수 있는 것이죠.

ETF를 활용하면 월스트리트가 전 세계에 분산투자를 하는 것처럼 우리도 전 세계에 분산투자를 할 수 있습니다. 내 증권계좌를 통해 선진국 시장인 미국, 캐나다, 유럽, 일본, 한국 등을 깔아놓고, 그 위에 브라질이나 인도 등을 넣어 나만의 포트폴리오로 위험성을 분산시킬 수 있습니다.

ETF의 두 번째 장점은 기본적으로 일반 펀드보다 보수가 저렴하다는 것입니다. 우리나라 주식형펀드의 평균 보수가 1~2% 정도 됩니다. 평균은 1.2% 정도 되고요. ETF는 평균 운용 보수가 0.34% 정도 수준입니다. 정말 낮죠.

대표적인 ETF 보수

종목명	보수
KODEX 200	0.15%
KODEX 삼성그룹	0.25%
KODEX 코스닥150	0.25%

2020년 9월 기준

중국이나 베트남 ETF처럼 해외투자나, 레버리지가 붙은 파생형도 0.6~0.7% 수준의 낮은 보수를 자랑합니다. 이렇게 낮은 보수가 가능한 이유는 펀드매니저의 판단이 개입하는 것이 아니라, 지수를 정해놓고 좇아가도록 자동화해두었기 때문입니다. 사람이 개입하지 않은 만큼 비용이 절감되지요.

우리나라가 저성장 기조에 빠진 이후로 모든 금융시장에서 이 거래비용이라는 것이 중요한 요소로 부각되고 있습니다. 그런 면에서 ETF 시장은 점차 유리해질 수밖에 없습니다.

ETF의 세 번째 장점은 환금성◆이 높아 실시간 거래가 가능하다는 점입니다. 일반 펀드의 경우, 하루에 한 번 제시된 가격으로 사고팔아야만 합니다. 하루라는 시간은 우리가 느끼기에는 밥을 3번 먹으면 끝나는 짧은 시간이지만, 주식시장에서 하루는 긴 시간입니다. 그사이 어떤 일도 일어날 수 있기 때문이죠. 반면, ETF는 일반 펀드와 달리 주식처럼 언제든 바로바로 사고팔 수 있습니다.

또한, 펀드는 살 때는 하루가 지나야 온전히 구매가 되고, 팔 때는 최소 4일에서 최대 2주 정도 지나야 완전한 현금이 됩니다. 하지만 ETF는 주식처럼 현금으로 결제돼서 내 계좌로 들어오는 것이 영업일 기준 2일 만에 가능합니다. 기존의 펀드가 가지고 있던 가장 큰 단점이 주식시장에 상장하면서 사라져버린 것이죠.

....

◆　　환금성 : 자산을 필요한 시기에 현금으로 전환할 수 있는 정도.

ETF의 네 번째 장점은 어떤 자산에 투자하고 있는지 매일 공개된다는 것입니다. 일반 펀드의 경우, 자산운용사에서 보내주는 펀드운용보고서를 받아서 읽기 전까지 어떻게 운용되었는지 알 수가 없습니

■ 'TIGER 200' 구성 내역 ■

No	종목코드	종목명	수량(주)	평가금액(원)	비중(%)
1	005930	삼성전자	8,089	470,779,800	30.57
2	000660	SK하이닉스	961	79,282,500	5.15
3	035420	NAVER	217	64,774,500	4.21
4	051910	LG화학	79	49,454,000	3.21
5	068270	셀트리온	178	45,390,000	2.95
6	005380	현대차	242	42,471,000	2.76
7	035720	카카오	107	39,483,000	2.56
8	006400	삼성SDI	88	37,048,000	2.41
9	036570	엔씨소프트	32	25,568,000	1.66
10	012330	현대모비스	111	24,975,000	1.62
11	051900	LG생활건강	16	23,504,000	1.53
12	105560	KB금융	606	23,149,200	1.5
13	005490	POSCO	118	22,892,000	1.49
14	017670	SK텔레콤	87	20,271,000	1.32
15	000270	기아차	431	19,610,500	1.27
16	055550	신한지주	704	19,360,000	1.26
17	251270	넷마블	110	18,370,000	1.19
18	028260	삼성물산	170	17,765,000	1.15
19	207940	삼성바이오로직스	25	17,125,000	1.11
20	066570	LG전자	185	16,964,500	1.1
21	033780	KT&G	193	15,806,700	1.03
22	096770	SK이노베이션	98	13,524,000	0.88
23	009150	삼성전기	95	13,205,000	0.86
24	086790	하나금융지주	463	12,848,250	0.83
25	034730	SK	59	11,652,500	0.76
26	003550	LG	154	11,242,000	0.73
27	015760	한국전력	540	10,908,000	0.71
28	000810	삼성화재	54	9,693,000	0.63

출처 : TIGER ETF 홈페이지 / 2020년 9월 30일 기준 / 총 200종목 이하 생략

다. 과거의 내역만 확인이 가능하죠.

반면, ETF는 실시간으로 구성 내역이 공개되기 때문에 운용사에서 임의로 바꾸거나 조정할 여지가 거의 없습니다. 예시로 'TIGER 200'의 구성 내역을 살펴볼까요?

앞의 표에서 보듯이, 내가 가지고 있는 ETF 속에 어떤 종목들이 얼마만큼 들어 있는지 언제든지 확인할 수 있습니다.

ETF의 다섯 번째 장점은 자동으로 분산투자가 된다는 점입니다. 펀드에는 기본적으로 분산투자 의무사항이 적용되는데요. ETF도 일종의 펀드이기 때문에 분산투자 의무사항이 적용됩니다. 자산운용사에서 ETF를 구성할 때, 주식은 최소한 10개 이상의 종목을 담아야 합니다. 하나를 30% 이상 담지 못하게 되어 있지요. 그래서 우리는 하나의 ETF만 사도 최소한 10개 이상의 다양한 종목에 분산투자를 하는 효과를 볼 수 있습니다. 예를 들어 'KODEX 200' 하나를 사면 200개의 주식 상위 종목을 모두 산 것과 같은 효과를 누리는 것입니다.

참고로 채권ETF나 원자재ETF처럼 시장이 갑자기 사라질 수 없다고 판단되는 것들은 ETF 안에 한 종목만 담겨 있습니다. 원래 분산을 안 하는 자산이기도 하고요. 주식은 회사가 갑자기 없어지기도 하니까 ETF에서는 분산투자의 의무가 적용되는 것이죠.

ETF에서 주의해야 할 점

- 괴리율과 추적 오차가 있다.
- 상장폐지가 될 수 있다.

만능처럼 생각되는 ETF에도 주의해야 할 점이 있습니다. 첫 번째 유의사항은 ETF가 추종하는 지수와는 완전히 일치하지는 않는다는 것입니다. 예를 들어, 코스피200 지수는 10%가 올랐는데 이 지수를 추종하는 내 ETF는 9%만 오를 수 있습니다. 왜 이런 일이 벌어지는 걸까요?

ETF에는 '괴리율'과 '추적 오차'라는 두 가지 변수가 존재합니다. 쫓아가야 할 지수와 차이가 벌어지게 하는 요소인데요. 먼저, '괴리율'은 시장에서 사고파는 과정에서 생기는 차이입니다. ETF가 가진 본질적인 가치와 관계없이 시장에서 거래된다는 이유로 매수자가 많으면 가격이 오르고 매도자가 많으면 가격이 하락합니다. '추적 오차'는 ETF의 가격이 추적하고자 하는 지수와 생기는 차이를 말합니다. 이것은 운용사의 자체적인 운용 방식이나 거래 비용 등의 차이에 의해서 발생합니다. 괴리율과 추적 오차는 내가 생각한 만큼 수익이 나지 않게 하는 원인이 됩니다.

특히 원유ETF처럼 테마성이 강한 ETF는 간혹 과도한 투기성 때문에 극도의 괴리율을 보이기도 합니다. 만약 과도한 괴리가 발생했다면 피해 가는 것이 좋습니다. 하지만 일반적인 지수형 ETF의 경우, 이런 차이가 크게 벌어지기 힘든 구조라서 자산배분 포트폴리오를 구성하실 때 큰 걱정을 하지 않아도 됩니다.

ETF의 두 번째 유의사항은 상장폐지가 될 수 있다는 점입니다. 주식에 투자해본 사람들에게 '상장폐지'는 가장 두려운 단어입니다. 내가 가진 주식이 아무 쓸모 없는 휴지 조각이 되기 때문이죠.

ETF도 상장폐지가 될 수 있습니다. 오차가 심하거나, 규모가 너무 작아져서 대표성이 없어졌거나, 유동성이 너무 낮거나 등의 이유로요. 해마다 몇 개의 ETF가 생겨나고 몇 개씩 상장폐지가 됩니다.

지금까지 상장폐지된 ETF들은 대부분 소규모라 대표성이 사라졌다는 것에 이유가 있었기 때문에 ETF의 시가총액을 확인하고 큰 종목일 경우 거래하는 것이 좋습니다. ETF가 50억 미만으로 작아지면 심사에 들어가기 때문에 마음 편히 500억 정도의 규모를 넘는 종목만 보는 편이 좋습니다.

다행히 ETF는 주식과는 달리 상장폐지된다고 해도 현금화하여 돌려줍니다. ETF 속의 주식과 채권은 그대로 보존되기 때문이죠. 모임이 깨진 것일 뿐 없어진 것은 아닙니다. ETF에서 상장폐지가 되었다는 것은 그 ETF로 장기투자하면서 회복할 기회가 없어진 것이기 때문에 큰 손실을 의미하지는 않습니다.

ETF로 자산배분 포트폴리오 만들기

이제 ETF를 활용해서 다양한 포트폴리오를 만들어보겠습니다. 미국시장에 상장된 역외ETF를 활용하면 훨씬 다양하게 포트폴리오를 만들 수 있습니다. 보수가 낮은 장점도 있고요.

먼저 쉽게 이해할 수 있도록 국내에 상장된 ETF를 활용해 포트폴리오를 구성해보겠습니다. 이어 미국ETF를 활용한 버전도 다루고 있으니 함께 살펴보면 도움이 될 것입니다.

ETF는 종류가 워낙 많고, 새로운 것들이 계속 상장되기 때문에 상대적으로 좋은 ETF는 항상 바뀔 수 있습니다. 따라서 자신의 포트폴리오를 구성하는 데 있어서 참고용으로만 활용하길 바랍니다.

ETF를 활용한 박곰희의 자산배분 포트폴리오

Chapter3에서 소개한 '박곰희의 자산배분 포트폴리오'로 ETF를 구성하면 아래와 같습니다.

박곰희의 자산배분 포트폴리오 국내버전

NO	자산군	목표비중	종목명	매수단가(원)	수량	투자금(원)	현재비중
	현금	5.0%	발행어음 수시형	1,000	20	20,000	4.94%
305080	채권	30.0%	TIGER 미국채10년 선물	12,510	10	125,100	30.89%
319640	금	20.0%	TIGER 골드선물(H)	13,825	6	82,950	20.49%
261240	달러	10.0%	KODEX 미국달러 선물	10,345	4	41,380	10.22%
329200	배당	15.0%	TIGER 부동산 인프라고배당	4,555	13	59,215	14.62%
294400	국내주식	10.0%	KOSEF 200TR	36,160	1	36,160	8.93%
360200	해외주식	10.0%	KINDEX 미국 S&P500	10,030	4	40,120	9.91%
총		100%				404,925	100.00%

2020년 9월 30일 기준

40만 원이 조금 넘는 금액으로 정해둔 비율에 맞게 자산배분 포트폴리오를 구성할 수 있습니다. ETF를 어떤 기준으로 선택하여 구성했는지 하나씩 살펴볼까요? 먼저 현금은 RP나 발행어음 등 환금성 높은 현금성 자산으로 준비합니다. 여기서는 '발행어음 수시형'으로 세팅하겠습니다.

다음은 채권 ETF를 찾아보겠습니다.

국내채권 ETF

NO	종목명	시가총액	보수
114260	KODEX 국고채3년	733억	0.150%
114820	TIGER 국채3년	469억	0.150%
114100	KBSTAR 국고채3년	376억	0.115%
114470	KOSEF 국고채3년	340억	0.150%
114460	KINDEX 국고채3년	194억	0.150%

2020년 9월 30일 기준

위의 표에서 고른 국내채권 ETF들은 가장 대표성이 높은 국고채 3년물을 담고 있는 것들입니다. 이 속에 들어 있는 자산은 거의 동일한 자산들이니 보수가 0.115%로 가장 낮은 'KBSTAR 국고채3년' ETF가 좋아 보입니다.

해외채권도 살펴볼까요?

해외채권 ETF

NO	종목명	시가총액	보수
305080	TIGER 미국채10년선물	475억	0.290%
329750	TIGER 미국달러단기채권액티브	314억	0.300%
332620	ARIRANG 미국장기우량회사채	263억	0.315%
304660	KODEX 미국채권울트라30년선물(H)	235억	0.300%
332610	ARIRANG 미국단기우량회사채	228억	0.315%

2020년 9월 30일 기준

해외채권은 국내채권보다 선택의 폭이 넓지 않습니다. 국내 시장에 상장된 것도 거의 없을뿐더러 그나마 상장된 것들도 무난한 것이 별로 없습니다. 위의 표에서 '액티브'라는 말이 붙어 있는 종목은 '달러로 발행된 한국기업의 채권'인 KP물과 개별 주식 등이 들어 있습니다. 추가적인 전략을 구사하겠다는 것이죠. 물론 더 높은 수익이 날 수도 있겠지만 순수한 대표성을 가진 ETF라고 보기는 힘듭니다.

'우량회사채'들은 국채가 아닌 기업들의 채권이고, 'KODEX 미국채권울트라30년선물(H)'은 만기가 너무 길어서 변동성이 생각보다 큽니다. 이런 점들을 고려했을 때 가장 무난하게 선택할 수 있는 것이 'TIGER 미국채10년선물'입니다.

박곰희의 자산배분 포트폴리오에는 'KBSTAR 국고채3년'과 'TIGER 미국채10년선물' 중 해외채권ETF인 'TIGER 미국채10년선물'을 담았습니다.

이번엔 금ETF를 찾아볼까요?

금 ETF

NO	종목명	시가총액	보수
132030	KODEX 골드선물(H)	2,443억	0.680%
319640	TIGER 골드선물(H)	166억	0.390%
139320	TIGER 금은선물(H)	81억	0.700%

2020년 9월 30일 기준

금ETF에 해당하는 종목이 몇 개 없기 때문에 쉽게 비교할 수 있습니다. 대부분의 투자자들은 KODEX를 선택하겠지만 운용 보수를 따져보면 TIGER가 훨씬 낮은 것을 알 수 있습니다. 동일한 자산을 추종하고 둘 다 환헤지 된 ETF이기 때문에 'TIGER 골드선물(H)'를 선택하겠습니다.

이제 달러ETF를 찾아보겠습니다.

달러 ETF

NO	종목명	시가총액	보수
261240	KODEX 미국달러선물	473억	0.250%
138230	KOSEF 미국달러선물	264억	0.370%

2020년 9월 30일 기준

여기서는 시가총액이 높으면서 보수가 더 낮은 'KODEX 미국달러

선물'을 선택하겠습니다.

다음은 배당ETF입니다. 배당자산은 ETF가 아닌 개별채권이나 리츠, 고배당주 등을 섞어서 매수하는 것이 더 좋지만 예시를 위해 ETF를 하나만 편입하겠습니다.

배당 관련 ETF는 상당히 많은 편입니다. 기호에 따라 전통적으로 배당을 많이 주는 고배당주, 배당을 점점 늘리는 추세를 보이는 배당성장주 등을 선택할 수 있습니다.

배당 ETF

NO	종목명	시가총액	보수
1161510	ARIRANG 고배당주	1,594억	0.230%
325020	KODEX 배당가치	1,536억	0.300%
329200	TIGER 부동산인프라고배당	613억	0.290%
279530	KODEX 고배당	343억	0.300%
211900	KODEX 배당성장	235억	0.150%
322410	HANARO 고배당	169억	0.250%
210780	TIGER 코스피고배당	123억	0.290%
266160	KBSTAR 고배당	115억	0.200%
104530	KOSEF 고배당	90억	0.400%
211560	TIGER 배당성장	70억	0.150%
211260	KINDEX 배당성장	59억	0.150%

2020년 9월 30일 기준

이 중에서 시가총액이 가장 크고 적정한 보수를 보여주는 'ARIRANG 고배당주'가 매력적으로 보입니다.

하지만 전통적인 고배당주들은 정체된 산업의 대형주인 경우가 많습니다. 주로 통신, 금융, 철강 등의 기업들이 주를 이루고 있지요. 배당이 높아도 이런 기업들을 담고 있는 것은 다소 위험성이 높게 느껴집니다. 그래서 좀 더 안정성이 있다고 느껴지는 배당ETF인 'TIGER 부동산인프라고배당'을 선택하겠습니다. 여기엔 리츠와 부동산펀드가 많이 편입되어 있습니다. '맥쿼리인프라', '롯데리츠' 등과 같은 기업들의 비중이 높은 편이죠.

자, 이제 주식이 남았네요. 주식은 국내주식ETF와 해외주식ETF를 각각 살펴보겠습니다.

국내주식 ETF

NO	종목명	시가총액	보수
069500	KODEX 200	4조 1,514억	0.150%
102110	TIGER 200	2조 3,567억	0.050%
278530	KODEX 200TR	1조 1,388억	0.070%
148020	KBSTAR 200	9,625억	0.045%
152100	ARIRANG 200	7,340억	0.040%
278540	KODEX MSCI Korea TR	7,092억	0.150%
105190	KINDEX 200	6,908억	0.090%

계속

NO	종목명	시가총액	보수
293180	HANARO 200	6,635억	0.036%
310970	TIGER MSCI Korea TR	5,789억	0.120%
069660	KOSEF 200	5,739억	0.130%
226490	KODEX 코스피	4,203억	0.150%
294400	KOSEF 200TR	3,399억	0.012%
295040	SMART 200TR	3,246억	0.050%
302450	KBSTAR 코스피	2,094억	0.140%
332500	KINDEX200TR	2,022억	0.030%
332940	HANARO MSCI Korea TR	2,001억	0.120%
332930	HANARO 200TR	1,629억	0.070%
328370	ARIRANG 코스피TR	935억	0.150%
292190	KODEX KRX300	872억	0.050%
277630	TIGER 코스피	853억	0.150%
156080	KODEX MSCI Korea	718억	0.150%
292500	SMART KRX300	599억	0.050%
359210	KODEX 코스피TR	529억	0.070%
361580	KBSTAR 200TR	515억	0.045%

2020년 9월 30일 기준

　　위 표에서 보다시피 국내 시장을 대표하는 ETF는 그 종류가 너무
나 많습니다. 그리고 이런 ETF 대부분이 상당히 높은 시장 대표성을
가지고 있습니다. 규모도 충분히 크고 거래량도 많은 편이기 때문에

오히려 고르기가 어렵게 느껴질 수 있습니다.

국내주식은 환율의 영향도 없고 장기적으로는 '보수'가 중요한 변수가 될 것으로 판단하여 'KOSEF 200TR'을 선택하였습니다. 'TR'은 ETF 속의 주식에서 발생하는 배당금을 재투자하는 방식을 말합니다. 분배금을 받지 않는 대신 장기적으로 더 높은 누적 수익률을 기대할 수 있죠. 만약 배당금 재투자를 원치 않는다면 'HANARO 200'을 선택하는 것이 좋습니다.

해외주식 ETF

NO	종목명	시가총액	보수
133690	TIGER 미국나스닥100	4,845억	0.490%
143850	TIGER 미국S&P500선물(H)	1,164억	0.300%
219480	KODEX 미국S&P500선물(H)	973억	0.250%
360200	KINDEX 미국S&P500	361억	0.090%
304940	KINDEX 미국나스닥100선물(H)	306억	0.450%
360750	TIGER 미국S&P500	297억	0.300%

2020년 9월 30일 기준

해외주식은 환헤지의 여부에 따라 성격이 크게 달라집니다. '환헤지'란 자산의 가격이 환율의 영향을 받지 않도록 해놓은 장치입니다. 환율이 올랐을 때의 수익을 포기하는 대신 하락할 경우의 손실을 막기 위한 목적이죠. 투자자들 저마다 환에 대한 전망이 다르므로 자신의 전망에 맞는 ETF를 선택하는 것이 좋습니다. 환헤지가 된 ETF는 종목 명 뒤에 'H'라는 표기가 붙고 환헤지가 되지 않은 ETF에는 'H'가 붙지 않습니다.

앞서 선택한 해외채권ETF인 'TIGER 미국채10년선물'은 환헤지가 적용되지 않기 때문에 해외주식ETF도 'KINDEX 미국S&P500' 상품으로 선택하겠습니다.

이렇게 선택하면 앞서 보여드린 박곰희의 자산배분 포트폴리오가 완성됩니다. 미국 주식시장에 상장된 역외ETF를 활용하면 아래와 같이 미국버전도 만들 수 있습니다.

박곰희의 자산배분 포트폴리오 미국버전

NO	자산군	목표비중	종목명	매수단가($)	수량	투자금($)	현재비중
	현금	5.0%	달러 발행어음 수시형	10	9	90.00	5.37%
GOVT	채권	30.0%	iShares U.S. Treasury Bond ETF	28.00	18	504.00	30.08%
GLD	금	20.0%	SPDR Gold Trust	178.19	2	356.38	21.27%
UUP	달러	10.0%	Invesco DB U.S. Dollar Index Bullish Fund	25.35	6	152.10	9.08%
VYM	배당	15.0%	Vangurad High Dividend Yield ETF	80.31	3	240.93	14.38%
SPY	주식	20.0%	SPDT S&P 500 ETF Trust	332.37	1	332.37	19.83%
총		100%				1,675.78	100.00%

2020년 9월 30일 기준

미국ETF에는 더욱 다양한 자산군이 섞여 있고, 개인의 취향이 더 드러나는 포트폴리오를 만들 수 있습니다.

나만의 포트폴리오 만드는 것을 어렵게 생각하지 말아야 합니다. 어설프게 배분한 비율이라도, 여러 자산을 적절하게 섞어 놓은 포트폴리오는 장기적으로 충분히 좋은 결과를 가지고 올 수 있습니다.

자신감을 가지는 것이 가장 중요합니다. 적어도 나의 포트폴리오를 관리하는 것만으로도 펀드매니저와 같은 역할을 하고 있다고 자부할 수 있으니까요.

ETF를 활용한 지구와 달 전략

앞서 '재산배분을 활용한 다양한 전략들'에서 다룬 '지구와 달 전략'으로도 포트폴리오를 만들어볼 수 있습니다. 채권과 주식의 고정 비율을 정해놓고 지속해서 가지고 가는 전략이죠. 여기서는 채권 60%, 주식 40%의 비율로 구성하겠습니다. 채권ETF와 주식ETF를 찾아볼까요?

이 2가지의 자산을 국내자산으로 할지, 해외자산으로 할지 결정하는 것은 개인의 판단에 맡깁니다. 국내 주식시장이 저평가되어 있다고 생각한다면 국내자산 중심으로 구성하고, 달러자산을 더 보유하고자 한다면 해외자산 중심으로 구성하면 됩니다. 만약 둘 다 원한다면 각 2개씩 자산을 선택하여 섞어서 구성하는 것도 좋은 방법입니다.

지구와 달 전략 국내버전

NO	자산군	목표비중	종목명	매수단가(원)	수량	투자금(원)	현재비중
114100	채권	30.0%	KBSTAR 국고채3년	114,040	1	114,040	31.98%
305080	채권	30.0%	TIGER 미국채10년선물	12,510	8	100,080	28.06%
294400	주식	20.0%	KOSEF 200TR	36,160	2	72,320	20.28%
360200	주식	20.0%	KINDEX 미국S&P500	10,030	7	70,210	19.69%
총		100%				356,650	100.00%

2020년 9월 30일 기준

지구와 달 전략 미국버전

NO	자산군	목표비중	종목명	매수단가($)	수량	투자금($)	현재비중
GOVT	채권	60.0%	iShares U.S. Treasury Bond ETF	28	18	504	60.26%
SPY	주식	40.0%	SPDR S&P 500 ETF Trust	332	1	332	39.74%
총		100%				836	100.00%

2020년 9월 30일 기준

ETF를 활용한 영구 포트폴리오

　'영구 포트폴리오'는 가장 심플하고 직관적이면서 대표적인 자산군 4가지를 모두 가지고 가는 전략입니다. 채권·주식·금·현금을 각각

25%의 비율로 가져가는 전략이고, 비율 계산이 간단하기 때문에 관리가 쉬운 장점이 있습니다.

영구 포트폴리오 국내버전

NO	자산군	목표비중	종목명	매수단가(원)	수량	투자금(원)	현재비중
305080	채권	25.0%	TIGER 미국채10년선물	12,510	3	37,530	23.38%
360200	주식	25.0%	KINDEX 미국S&P500	10,030	4	40,120	25.00%
319640	금	25.0%	TIGER 골드선물(H)	13,825	3	41,475	25.84%
261240	현금	25.0%	KODEX 미국달러선물	10,345	4	41,380	25.78%
총		100%				160,505	100.00%

2020년 9월 30일 기준

영구 포트폴리오 미국버전

NO	자산군	목표비중	종목명	매수단가($)	수량	투자금($)	현재비중
GOVT	채권	25.0%	iShares U.S. Treasury Bond ETF	28.00	12	336.00	24.35%
SPY	주식	25.0%	SPDR S&P 500 ETF Trust	332.37	1	332.37	24.09%
GLD	금	25.0%	SPDR Gold Trust	178.19	2	356.38	25.83%
UUP	현금	25.0%	Invesco DB U.S. Dollar Index Bulish Fund	25.35	14	354.90	25.72%
총		100%				1,379.65	100.00%

2020년 9월 30일 기준

ETF를 활용한 올시즌 포트폴리오

(올웨더 포트폴리오의 간소화 버전)

글로벌 시장에서 가장 우수하다고 알려진 올시즌 포트폴리오도 ETF를 활용해 만들어볼 수 있습니다.

올시즌 포트폴리오는 영구 포트폴리오보다 더 많은 종류의 자산을 사용합니다. 채권을 중기채권과 장기채권으로 구분하여 비중을 할애하고, 금과 원자재도 명확히 분리합니다.

다만, 우리나라 시장에 상장된 ETF 중에 원자재 파트를 제대로 채울 수 있는 종목이 없습니다. 원자재 시장은 에너지 자산들과 농산물, 귀금속 등을 모두 아우르는 개념이지만 우리나라 시장에는 세분화하여 상장되어 있습니다. 변동성이 커질 수 있기 때문에 자산운용사에서 운용하는 ETF 상품과 매우 유사한 증권사에서 운용하는 ETN을 추가해보겠습니다. 여기서는 '미래에셋 원자재 선물 ETN(H)'를 추가했습니다.

올시즌 포트폴리오 국내버전

NO	자산군	목표비중	종목명	매수단가(원)	수량	투자금(원)	현재비중
304660	장기채권	40.0%	KODEX 미국채권울트라30년선물(H)	13,840	16	221,440	40.24%
305080	중기채권	15.0%	TIGER 미국채10년선물	12,510	7	87,570	15.91%
520003	원자재	7.5%	미래에셋 원자재 선물 ETN(H)	7,870	5	39,350	7.15%
319640	금	7.5%	TIGER 골드선물(H)	13,825	3	41,475	7.54%
360200	주식	30%	KINDEX 미국S&P500	10,030	16	160,480	29.16%
총		100%				550,315	100.00%

2020년 9월 30일 기준

올시즌 포트폴리오 미국버전

NO	자산군	목표비중	종목명	매수단가($)	수량	투자금($)	현재비중
TLT	장기채권	40.0%	iShares 20+ Year Treasury Bond	164.84	12	1,978.08	41.68%
IEF	중기채권	15.0%	iShares 7-10 Year Treasury Bond	122.15	6	732.90	15.44%
DBC	원자재	7.5%	Invesco DB Commodity Index Tracking Fund	12.91	27	348.57	7.35%
GLD	금	7.5%	SPDR Gold Trust	178.19	2	356.38	7.51%
SPY	주식	30.0%	SPDR S&P 500 ETF Trust	332.37	4	1,329.48	28.02%
총		100%				4,745.41	100.00%

2020년 9월 30일 기준

포트폴리오 백테스팅하기

여기까지 따라오면 문득 이런 생각이 들 거예요. '자산을 잘 섞어서 포트폴리오를 만들었는데, 과연 이게 잘 만들어진 걸까?' 제게도 메일과 SNS를 통해 많은 분들이 "이렇게 포트폴리오를 짜보았는데, 제대로 짠 게 맞을까요?"라는 질문을 합니다.

내가 만든 포트폴리오가 미래에 어떤 결과를 가져올지는 아무도 모릅니다. 하지만 과거의 움직임을 통해 예측해볼 수는 있죠. 만약 내가 과거에 이렇게 포트폴리오를 짜서 100만 원 혹은 1,000달러를 넣었다면, 그 자산들이 지금 어떤 결과를 냈는지 알 수 있는 것입니다. 그렇게 돌려보는 것을 '백테스팅(Back-testing)'이라고 합니다.

과거부터 지금까지의 결과가 좋았다면 충분히 좋은 포트폴리오라는 증거이고, 우리는 포트폴리오를 믿고 자산배분을 할 수 있습니다. 국내 포트폴리오와 미국 포트폴리오를 각각 테스트하는 방법을 알아볼까요?

국내자산 포트폴리오 백테스팅하기

먼저 소개할 사이트는 삼성자산운용의 '펀드솔루션(https://www.fundsolution.co.kr)' 입니다. 삼성자산운용에서 자산관리사와 고객들에

■ '펀드솔루션' 메인 화면 ■

출처 : 삼성자산운용 펀드솔루션

게 유용한 정보를 제공하기 위해 만든 사이트입니다. 펀드솔루션 PC버전에서는 '판매자용'으로만 사용이 가능하고, 일반 고객들은 스마트폰 어플(펀드솔루션 투자자용)을 다운받아 사용할 수 있습니다.

사이트에 들어가 보면 자사 상품 홍보를 위한 메뉴는 거의 없고, 투자자들이 활용하기 좋은 툴과 시장 정보가 많아서 개인적으로 자주 활용하고 있습니다.

홈페이지 메인 화면의 상단 메뉴 중 우측에 '포트폴리오 관리'라는 메뉴가 바로 포트폴리오를 백테스팅할 수 있는 메뉴입니다. 로그인하고 하위 메뉴의 '나의 포트폴리오 구성 관리'로 들어가면 아래의 이미지처럼 내가 구성한 포트폴리오를 하나씩 입력할 수 있습니다.

■ '펀드솔루션' 입력 화면 ■

상품정보

상품명	펀드유형	자산군	세부유형	최초	직전	현재
				\<투자비중(%)\>		
미래에셋개인전용MMF 1(국공채)종류C-e	MMF	MMF	MMF	5.0	-	-
키움KOSEF200TotalReturn증권상장지수투자신탁[주식]	ETF	국내주식	K200인덱스	10.0	-	-
한국투자KINDEX미국S&P500증권상장지수투자신탁(주식)	ETF	국내주식	기타인덱스	10.0	-	-
미래에셋TIGER부동산인프라고배당혼합자산상장지수투자신탁(재간접형)	ETF	국내주식	기타인덱스	15.0	-	-
미래에셋TIGER미국채10년선물증권상장지수투자신탁(채권·파생형)	ETF	해외채권선진	북미채권	30.0	-	-
삼성KODEX미국달러선물특별자산상장지수투자신탁[미국달러·파생형]	ETF	해외주식선진	커머더티	10.0	-	-
미래에셋TIGER골드선물특별자산상장지수투자신탁(금·파생형)(H)	ETF	해외주식선진	커머더티	20.0	-	-
합계				100.0	-	100.0

출처 : 삼성자산운용 펀드솔루션

한 번 입력한 포트폴리오는 이름을 붙여서 저장할 수 있고, 만든 시점을 기준으로 지속적인 수익률 관리를 하게 되어 있습니다. 리밸런싱을 도와주는 툴도 제공되고 있고요.

전체 포트폴리오를 입력한 다음 '보고서 출력'을 선택하면 아래처럼 백테스팅 결과를 시각화된 자료로 볼 수 있습니다.

■ '펀드솔루션' 결과 화면 ■

상품명	자산군	세부유형	수익률(%)			변동성 (3년,%)	비중(%)
			6개월	1년	3년		
미래에셋개인전용MMF 1(국공채)종류C-e	MMF	MMF	0.3	0.9	3.7	0.05	5.0
키움KOSEF200TotalReturn증권상장지수투자신탁[주식]	국내주식	K200인덱스	32.1	15.5	-	-	10.0
한국투자KINDEX미국S&P500증권상장지수투자신탁(주식)	국내주식	기타인덱스	-	-	-	-	10.0
미래에셋TIGER부동산인프라고배당혼합자산상장지수투자신탁(재간접형)	국내주식	기타인덱스	12.8	-11.6	-	-	15.0
미래에셋TIGER미국채10년선물증권상장지수투자신탁(채권·파생형)	해외채권선진	북미채권	-1.5	6.1	-	-	30.0
삼성KODEX미국달러선물특별자산상장지수투자신탁[미국달러-파생형]	해외주식선진	커머더티	-2.8	-1.0	7.5	6.89	10.0
미래에셋TIGER골드선물특별자산상장지수투자신탁(금·파생형)(H)	해외주식선진	커머더티	9.5	18.7	-	-	20.0

출처 : 삼성자산운용 펀드솔루션

내가 선택한 각 자산들의 수익률 추이와 변동성 수치 등을 확인할 수 있습니다.

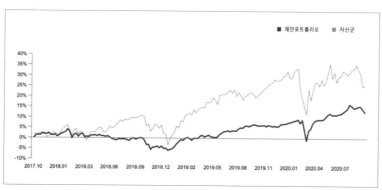

출처 : 삼성자산운용 펀드솔루션

　위의 차트처럼 포트폴리오의 과거 수익률 분석 차트도 만들어줍니다.

　하지만 아쉽게도 우리가 편입하는 많은 ETF 자산들이 상장된 지 얼마 안 된 것들이 많아서 과거 수익률 기록이 없는 경우가 많습니다. 이처럼 국내 자산으로 포트폴리오를 구성한 경우에는 의미 있는 기간만큼 과거의 백테스팅 결과를 얻어내기가 어렵습니다.

　가능한 시간만큼의 백테스팅 결과를 확인했다면 리밸런싱을 할 때도 이 툴을 주기적으로 이용하여 쉽게 관리할 수 있습니다.

해외자산 포트폴리오 백테스팅하기

해외자산 포트폴리오를 백테스팅하려면 '포트폴리오 비주얼라이저(https://www.portfoliovisualizer.com)'를 활용하면 좋습니다.

■ '포트폴리오 비주얼라이저' 메인 화면 ■

출처 : 포트폴리오 비주얼라이저

영문으로만 볼 수 있는 사이트라서 부담스러울 수는 있지만, 많은 기능 중에 우리가 사용하고자 하는 것은 극히 일부이기 때문에 막상 해보면 어렵지 않게 할 수 있습니다.

첫 화면에서 왼쪽의 'Backtest Portfolio'를 선택합니다. 그러면 다음과 같은 화면이 나타납니다. 여기에 앞서 제작한 포트폴리오의 종목 정보를 하나씩 입력합니다.

■ '포트폴리오 비주얼라이저' 입력 화면 ■

출처 : 포트폴리오 비주얼라이저

　종목 정보를 입력한 후에 아래의 분석하기 버튼인 'Analyze Portfolios'를 누르면 시각화된 백테스팅 자료가 나타납니다. 다음 페이지의 표에서 볼 수 있듯이 2013년부터 현재까지의 결과가 출력됩니다. 2013년부터 결과가 보이는 것은 입력한 ETF 중에 2013년 이전의 데이터가 없는 것이 있기 때문입니다.

　백테스팅을 통해 2013년 1월에 이 포트폴리오에 100달러를 투자했다면 현재 158달러가 되어 있을 것이라는 사실을 알 수 있죠.

　연평균 6.09%의 수익률이고, 가장 수익률이 안 좋았던 해의 수익률

■ '포트폴리오 비주얼라이저' 수익률 분석 차트 ■

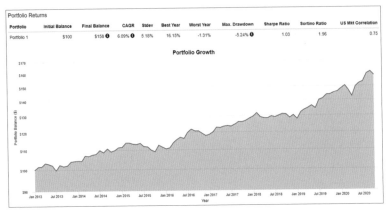

출처 : 포트폴리오 비주얼라이저

이 -1.31%라는 것을 통해 상당히 안정적인 수익률을 내는 포트폴리오
라는 것을 확인할 수 있습니다.

　펀드솔루션과 포트폴리오 비주얼라이저를 통해 따로 비용을 들이
지 않고도 내가 만든 포트폴리오의 과거 수익률을 체크할 수 있습니
다. 이후에도 지속적으로 포트폴리오를 관리하는 용도로도 사용할 수
있고요.

포트폴리오 리밸런싱하기

자산배분 투자자에겐 필연적으로 '리밸런싱(rebalancing)'이라는 것이 따라옵니다. 리밸런싱은 '운용하는 자산의 편입비중을 재조정하는 것'을 말합니다. 자산배분은 주식·채권·원자재·금·현금 등 다양한 자산들을 가지고 있으면서 하나만 몰빵했을 때 벌어지는 리스크를 줄여줍니다.

하지만 비율이 잘 짜인 포트폴리오도 시간이 지나면 어떤 것은 오르고 어떤 것은 떨어지면서 비율이 달라집니다. 리밸런싱은 이 달라진 비율을 원래대로 맞추기 위해 하는 것입니다.

리밸런싱은 왜 해야 할까?

리밸런싱을 하는 이유는 먼저 갑작스러운 시장 충격이 발생했을 때 그 충격을 잘 흡수하는 포트폴리오를 가지고 있기 위함입니다. 그다음으로는 여러 자산 중에 가격이 오른 것은 수익을 실현하고, 가격이 내려간 것은 싼 가격에 추가 매수하기 위해서입니다.

■ 리밸런싱을 하는 이유 ■
- 갑작스러운 시장 충격이 발생했을 때 리스크를 줄이기 위해
- 오른 자산은 수익 실현, 떨어진 자산은 저가 매수

장기적으로 자산배분 포트폴리오의 수익은 리밸런싱 과정에서 조금씩 축적되며 쌓이는 방식입니다. 이해를 위해서 아주 극단적으로 단순화를 시켜볼까요?

여기, 주식과 채권이 있습니다. 주식은 벌면 두 배, 잃으면 반토막인데 그 확률은 반반이고, 채권은 연 1%의 금리를 준다고 가정하겠습니다.

먼저 10,000원을 주식에 모두 넣어보겠습니다.

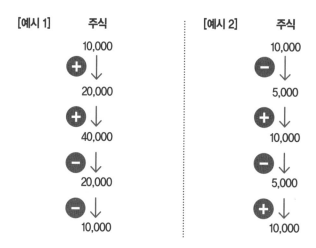

■ 10,000원을 모두 주식에 넣기 ■

[예시 1]　주식

10,000
＋ ↓
20,000
＋ ↓
40,000
－ ↓
20,000
－ ↓
10,000

[예시 2]　주식

10,000
－ ↓
5,000
＋ ↓
10,000
－ ↓
5,000
＋ ↓
10,000

　벌고, 벌고, 잃고, 잃고 이런 것이 반복되죠. 위의 그림처럼 자산이 불어나지 않고 그대로입니다. 벌고 잃는 순서를 바꿔보아도 결국은 제자리입니다. 자산이 불어나지 않죠. 그럼 이번엔 모두 채권에 넣어 보겠습니다.

■ 10,000원을 모두 채권에 넣기 ■

채권

10,000

↓

10,100

↓

10,202

↓

10,303

↓

10,406

10,000을 채권에 넣고 1년을 기다립니다. 1년 후 이자를 합친 금액은 10,100원이네요.

어떤가요? 어느 하나 괜찮은 투자가 없어 보입니다. 주식은 변동성이 너무 크고, 채권은 너무 작죠. 이번엔 주식과 채권을 반반 담아보겠습니다.

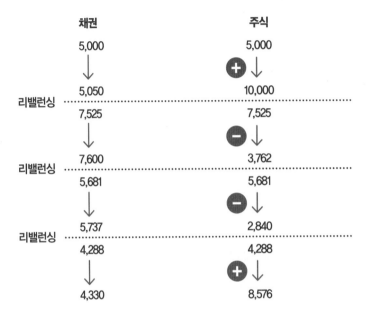

■ 주식과 채권에 5,000원씩 나눠 담기 ■

채권	주식
5,000	5,000
↓	⊕ ↓
5,050	10,000

리밸런싱

7,525	7,525
↓	⊖ ↓
7,600	3,762

리밸런싱

5,681	5,681
↓	⊖ ↓
5,737	2,840

리밸런싱

4,288	4,288
↓	⊕ ↓
4,330	8,576

위의 그림을 보면 알 수 있듯이 주식시장은 여전히 동일한 변동성을 가지고 있고, 채권은 여전히 금리가 낮습니다. 그래도 나의 전체 자산의 크기는 총 12,906원으로, 10,000원보다 늘어난 것을 볼 수 있습니다.

주식의 수익과 손실의 순서를 바꾸더라도 결과는 동일합니다. 중요한 것은 이 한 칸을 지날 때 리밸런싱을 한 번 해준 것입니다. 이처럼 자산을 불리기 위해서는 리밸런싱이 꼭 필요합니다.

리밸런싱을 통해 주식이 올랐을 때 일부를 매도해서 채권에 안전하게 넣어두는 '수익 실현'을 합니다. 역으로 주식이 많이 떨어졌을 때는 채권을 일부 팔아서 주식을 사는 '저가 매수'도 진행합니다.

금리가 낮은 채권이나 예금을 계속하면 자산이 너무 천천히 불어나고, 전체 자산으로 주식을 하면 맨날 벌고 잃고 벌고 잃고를 반복하며 에너지는 다 쏟는데 내 자산은 여전히 제자리인 것 같은 기분을 버릴 수 없습니다. 그래서 자산배분이 필요하고, 자산배분을 했다면 리밸런싱을 꼭 해야 합니다.

리밸런싱은 언제 해야 할까?

리밸런싱의 주기에는 다양한 의견이 있습니다. 전통적인 투자자들은 연 1회를 이야기해왔고, 시장이 과거보다 빠르게 변하고 있기 때문에 더 자주 해줘야 한다는 의견도 있습니다.

제가 추천하는 방식은 날짜를 정해놓고 연 1회 정기 리밸런싱을 하되, 필요할 때 수시 리밸런싱을 진행하는 것입니다. 실제 제가 근무했던 증권사에서도 큰 자금은 이런 식으로 리밸런싱하며 관리했었지요. 개인도 똑같이 하면 됩니다.

- 정기 리밸런싱 : 연 1회
- 수시 리밸런싱 : 필요 시

    연 1회 정기 리밸런싱의 날짜는 자신의 생일로 정해두면 기억하기 좋습니다. 수시 리밸런싱은 내가 갑자기 많은 투자금을 투입했거나 코로나19처럼 시장에 큰 이슈가 생겨서 시장이 급격하게 움직일 경우, 시장의 폭락을 저가 매수의 기회로 이용하고 싶을 때 하면 됩니다.

    처음 포트폴리오의 비율을 짤 때 매수하고자 하는 수량이 정해지면, 다음 정기 리밸런싱 전까지는 매달 그 금액대로 일정하게 쭉 넣습

■ 포트폴리오 리밸런싱 사례 ■

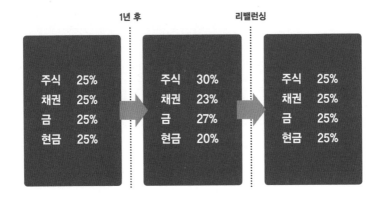

니다. 정기 리밸런싱을 하는 날이 되면 리밸런싱을 해서 비율을 맞춘 후 또 넣던 대로 일정하게 쭉 넣고요.

실제 많은 분들이 리밸런싱을 할 때 어려움을 느끼는 이유는 투자 형태가 적립식이기 때문입니다. 우리가 보는 자료들은 모두 목돈을 기준으로 합니다. 그래서 드리는 팁은 첫째, '자산배분 포트폴리오를 처음 만들어 시작한다면 2년이 지나기 전까지 정기 리밸런싱을 하지 않아도 된다'는 것입니다. 충분한 목돈이 쌓이기 전까지는 매달 붓는 돈의 비중이 워낙 크기 때문에, 입금할 때마다 비중이 확 틀어집니다. 그래서 비율을 맞추기 어렵지요.

초기에는 입금할 때는 흐트러진 비율에는 신경 쓰지 말고 정해놓은 비중대로 쭉 사도 괜찮습니다. 웬만한 목돈이 만들어지기 전까지 리밸런싱은 큰 의미가 없기 때문이죠.

두 번째 팁은, '나만의 관리 시트를 만들어라'입니다. 엑셀로 함수를 걸어서 짜는 것이 가장 깔끔하겠지만, 메모장이나 종이를 이용하는 것으로도 충분합니다. 예시를 들어볼까요?

▪ 잔고 중심의 관리 시트 예시 ▪

자산군 / 비율	종목명	현재비중	금액(원)	
현금 25%	MMF	24%	340,000	
채권 25%	개별채권 여러 개	19%	270,000	◯ 추가매수
금 25%	금현물	27%	380,000	
주식 25%	TIGER 200	28%	400,000	

복잡한 함수식을 활용한 자동화된 시트를 굳이 사용할 필요 없습니다. 실천 가능한 범위에서 시작하는 것이 중요하죠. 자산배분은 안 해서 문제인 거지, 어떻게 하는지는 크게 중요하진 않습니다.

복잡한 함수식을 가진 엑셀 시트 대신 위 그림처럼 수기로 간편하게 관리해도 좋습니다. 현재 자산들의 비중을 계산하고, 비중이 낮은 자산을 추가 매수하는 방식으로 손쉽게 포트폴리오를 관리할 수 있죠.

지금까지 우리가 막연하게 느꼈던 리밸런싱에 대해 알아봤습니다. 운용사나 큰 기금에서는 리밸런싱을 위한 여러 복잡한 툴을 사용하겠지만, 우리는 그런 것이 없으니 내가 스스로 리밸런싱을 할 수 있도록 공부해야겠죠.

✦ 자동화되어 있는 자산배분 상품들 ✦

자산배분 포트폴리오를 스스로 만들고 직접 운용하는 것은 주체적으로 투자하며 비용도 아끼는 좋은 방법입니다. 하지만 여건상 스스로 자산배분 포트폴리오를 짜기 어려운 분들도 많습니다.

이런 수요에 대응하고자 여러 금융기관들에서 자산배분이 되어 있는 상품들을 출시하고 있습니다. 여기서는 이런 간접투자의 방법으로 자산배분을 활용할 수 있는 4가지 방법을 알려드릴게요.

❶ 자산운용사의 '자산배분 펀드' 매수하기

펀드는 가장 대표적인 간접투자 상품입니다. 과거에는 특정 국가나 종목을 집중적으로 담아 투자하는 상품들이 주를 이루었지만, 최근에는 자산배분이 된 펀드들도 나오고 있습니다.

펀드를 매수해서 가지고 있으면 자산운용사의 펀드매니저들에 의해 자산배분이 실행되고, 그 안에서 리밸런싱도 이루어집니다.

우리나라 대부분의 펀드를 보여주는 한국포스증권 앱에서 '자산배분'을 검색하면 다음과 같은 펀드들이 나옵니다. 펀드의 규모가 크지는 않으니, 수익률과 보수를 비교하여 선택하는 것을 추천합니다.

자산배분 펀드

이름	설정액
블랙록글로벌자산배분증권투자신탁(주식혼합-재간접형)(H) S	548억
삼성글로벌다이나믹자산배분증권자투자신탁(H)[주식혼합-재간접형] S	538억
유경PSG좋은생각자산배분형증권투자신탁(주식혼합형) S	269억
유경플레인바닐라글로벌자산배분증권자투자신탁(주식) S	229억
NH-Amundi 뉴패러다임자산배분 EMP 혼합자산투자신탁[재간접형] S	164억
브이아이 한국형 글로벌자산배분 증권투자신탁[혼합-재간접형] S	159억

출처 : 한국포스증권 / 2020년 10월 1일 기준

　자산배분 전략을 추구하는 펀드가 많지 않고 규모가 크지 않은 이유는 TDF가 자산배분 펀드 시장을 리드하고 있기 때문입니다. TDF는 투자자의 은퇴 시점을 고려하여 운용하는 연금전용 펀드로 알려져 있지만, 일반 펀드로도 출시되어 있습니다. 만약 펀드를 통해 자산배분 전략을 추구하고자 한다면, 일반 펀드뿐 아니라 TDF도 함께 고려하는 것이 좋습니다. TDF의 종류는 다음과 같습니다.

TDF

이름	설정액(억)
미래에셋전략배분TDF2025혼합자산투자신탁S	5,763
삼성한국형TDF2045증권투자신탁H[채권혼합-재간접형]S	2,923
삼성한국형TDF2020증권투자신탁H[채권혼합-재간접형]S	2,724
미래에셋전략배분TDF2025혼합자산투자신탁S	2,159
삼성한국형TDF2030증권투자신탁H[채권혼합-재간접형]S	2,010
삼성한국형TDF2040증권투자신탁H[채권혼합-재간접형]S	1,994
미래에셋전략배분TDF2030혼합자산투자신탁S	1,962
미래에셋전략배분TDF2045혼합자산투자신탁S	1,758
삼성한국형TDF2025증권투자신탁H[채권혼합-재간접형]S	1.701
미래에셋전략배분TDF2035혼합자산투자신탁S	1,483
삼성한국형TDF2035증권투자신탁H[채권혼합-재간접형]S	1,162
한국투자TDF알아서증권투자신탁(주식혼합-재간접형)S	1,057
한국투자TDF알아서2030증권투자신탁(주식혼합-재간접형)(S)	841
한국투자TDF알아서2045증권투자신탁(주식혼합-재간접형)S	810
한국투자TDF알아서2040증권투자신탁(주식혼합-재간접형)S	628
미래에셋전략배분TDF2040혼합자산투자신탁 S	596
신한BNPP마음편한TDF2025증권투자신탁(주식혼합-재간접형)(종류S)	594
KB 온국민TDF2025증권투자신탁[채권혼합-재간접형]S	583
한국투자TDF알아서2025증권투자신탁(주식혼합-재간접형)S	544
미래에셋전략배분TDF2030혼합자산투자신탁(주식혼합-재간접형)종류S	508
KB 온국민TDF2030증권투자신탁[채권혼합-재간접형]S	486

이름	설정액(억)
삼성한국형TDF2015증권투자신탁H[채권혼합-재간접형]S	484
KB 온국민TDF2020증권투자신탁[채권혼합-재간접형]S	439
신한BNPP마음편한TDF2030증권투자신탁(주식혼합-재간접형)(종류S)	436
한국투자TDF알아서2035증권투자신탁(주식혼합-재간접형)S	420
KB 온국민TDF2050증권투자신탁[채권혼합-재간접형]S	321
한국투자TDF알아서2020증권투자신탁(주식혼합-재간접형)S	317
미래에셋전략배분TDF2045혼합자산투자신탁(주식혼합-재간접형)종류S	298
KB 온국민TDF2035증권투자신탁[채권혼합-재간접형]S	272
KB 온국민TDF2040증권투자신탁[채권혼합-재간접형]S	264
신한BNPP마음편한TDF2035증권투자신탁(주식혼합-재간접형)(종류S)	260
신한BNPP마음편한TDF2040증권투자신탁(주식혼합-재간접형)(종류S)	246
미래에셋전략배분TDF2035혼합자산투자신탁(주식혼합-재간접형)종류S	215
신한BNPP마음편한TDF2040증권투자신탁1호(주식혼합-재간접형)(종류S)	207
미래에셋전략배분TDF2040혼합자산투자신탁(주식혼합-재간접형)종류S	191
한화 LifePlus TDF 2045증권 투자신탁(혼합-재간접형)S	112
한화 LifePlus TDF 2020증권 투자신탁(혼합-재간접형)S	111
키움키워드림TDF2025증권투자신탁제1호[혼합-재간접형]S	110
KB 온국민TDF2045증권투자신탁[채권혼합-재간접형]S	106
한화 LifePlus TDF 2030증권 투자신탁(혼합-재간접형)S	103

출처 : 한국포스증권 / 2020년 10월 1일 기준

❷ 투자자문사의 자산배분 상품 이용하기

투자자문사(투자일임사 포함)는 증권사나 자산운용사처럼 기업화되어 있는 그룹 형태가 아닌, 제3의 전문가 집단 형태로 존재합니다. 이해 관계가 얽혀 있는 기업들이 적기 때문에 오히려 더 자유로운 운용을 할 수 있는 것이 장점입니다.

크지 않은 규모 때문에 과거에는 일부 고액 자산가들을 위한 형태로만 발전해왔지만, IT 기술의 발달과 함께 최근 들어서 한 번에 많은 사람들의 자산을 자문할 수 있는 시스템이 생겨나고 있습니다. 마치 자산운용사의 펀드처럼 많은 사람들이 하나의 상품을 동시에 이용할 수 있게 된 것이죠.

펀드와 다른 가장 큰 차이는 의사 결정 주체에 있습니다. 투자금을 직접 모아서 운용하는 것이 펀드라면, 자문사의 상품은 자문사로부터 포트폴리오에 대한 내용만 전달받을 뿐, 그것을 실제로 실행하는 것은 투자자의 몫입니다.

그래서 매매도 본인의 증권계좌에서 직접 주문해야 합니다. 투자금을 누군가에게 일임하는 것에 대한 불안감이 없는 것이 장점입니다. 자문사와 일임사 중에 IT 기술을 활용한 대중적인 곳으로는 불릴레오, 에임, 이루다 등이 있습니다.

■ '불릴레오' 메인 화면 ■

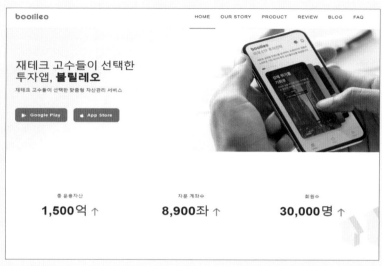

출처 : 불릴레오

■ '에임' 메인 화면 ■

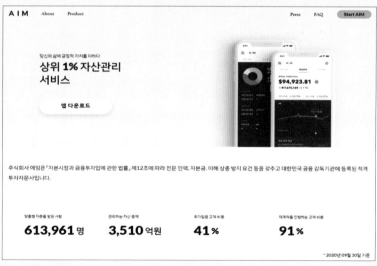

출처 : 에임

출처 : 이루다

❸ 인공지능에 투자를 맡기는 '로보어드바이저' 이용하기

투자자들에게 포트폴리오를 제안하고 관리하기 위해서 증권사와 자문사 등에서 많은 시도를 하고 있습니다. 그중에 대표적인 것이 '로보어드바이저'입니다. 운용에 대한 많은 부분을 인공지능으로 처리하면서, 낮은 비용으로 더 많은 사람들의 자산을 동시에 관리하는 것이 가능해진 것입니다.

글로벌 금융시장에서는 이 로보어드바이저에 대한 개발과 시도가 일찍부터 시작되었고 2019년 말 기준으로 로보어드바이저로 운용되고 있는 자산은 981조 원에 이르고 있습니다.

우리나라의 로보어드바이저 상품들을 가장 편하게 볼 수 있는 곳은 한국포스증권의 로보어드바이저 플랫폼입니다. 여러 기업의 상품들이 입점해 있고, 앱 내에서 쉽게 비교가 가능합니다.

■ '한국포스증권' 로보어드바이저 ■

출처 : 한국포스증권

❹ 자산배분 되어 있는 미국ETF 매수하기

자산배분에서 가장 전통적인 방법으로 소개한 것이 채권과 주식의 비율을 정해놓고 매수하는 '지구와 달 전략'이었습니다. '지구와 달 전략'은 채권과 주식의 비율을 6대4로 하는 것이 가장 전통적인 기준입니다. 이 전략을 잘 구현하고 있는 미국ETF를 소개합니다.

이 ETF는 5만 원 정도의 가격으로 1주를 살 수 있고, 전 세계에 투자하는 자산배분을 하고 있습니다. 리밸런싱도 자동으로 해주고 달러 투자도 되면서 배당금도 분기마다 주는 ETF이죠.

자산배분 ETF 4종 : AOK, AOM, AOR, AOA

세계에서 가장 큰 자산운용사는 미국의 '블랙록자산운용'입니다. 여기에서 운용하는 ETF 브랜드가 'iShares'입니다. 한국으로 치면 삼성자산운용에서 만든 'KODEX'와 같죠.

iShares의 ETF 중 자산배분 ETF에는 4가지 종류가 있습니다. AOK, AOM, AOR, AOA가 그것이죠. 각각의 채권과 주식의 비중이 7대3, 6대4, 4대6, 2대8 정도 됩니다.

앞서 지구와 달 전략은 6대4가 가장 전통적인 기준이 된다고 말씀드렸으니 AOM이 기준이 됩니다. AOM을 기준으로 좀 더 보수적으로 채권을 늘리면 AOK, 더 공격적으로 주식을 늘리면 AOR, 주식을 80%까지 확 늘려서 매우 공격적으로 가면 AOA입니다.

이렇게 4개의 ETF는 하나만 사두어도 가장 기초적인 자산배분이 되어 있다는 것이 아주 큰 매력이죠. 본인의 성향에 따라 4개의 선택 지에서 고를 수 있는 것도 장점입니다.

수익률과 보수

먼저 보수는 4가지 ETF 모두 0.25%입니다. ETF이기 때문에 아주 낮죠.

그럼 수익률은 어떨까요? 가장 보수적인 AOK와 가장 공격적인 AOA의 수익률을 비교해보면 아래와 같습니다.

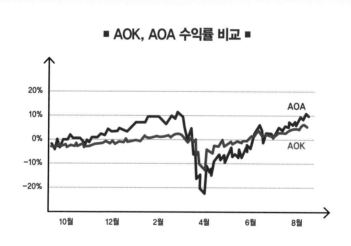

■ AOK, AOA 수익률 비교 ■

출처 : etf.com

위의 차트를 보면 AOA의 주식 비중이 80%에 달하는 공격적인 ETF

인 만큼 시장이 상승할 때 더 많이 오르고, 하락할 때 더 많이 떨어집니다.

반면, 채권이 70% 들어 있는 AOK는 상승할 때는 완만한 상승을, 폭락할 때는 훨씬 덜 떨어지는 것을 볼 수 있습니다. 이것은 본인의 성향에 따라 높은 수익률을 원하면서 하락을 감내할 수 있다면 AOA를, 방어력이 중요하다면 AOK를 선택하면 됩니다. AOM과 AOR은 그사이에 위치하고요.

구성 내역

ETF는 구성 내역을 공개하고 있습니다. 아래의 구성 내역을 살펴보면 생각보다 많은 종목이 자산배분 되어 있는 것을 볼 수 있습니다.

■ AOK, AOA 구성 종목 비교 ■

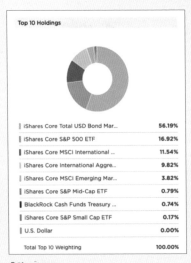
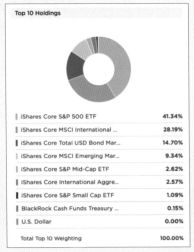

출처 : etf.com

비율도 6대4, 7대3으로 딱 떨어지기보단 나름의 기준에 의해 자산배분이 이루어지고 있고요.

다만, 자산배분 ETF 4종이 모두 동일한 구성으로 짜여 있고, 그 비율만 서로 다릅니다. 이렇게 9개의 구성 내역에 대한 비율이 모두 공개되어 있으니 이걸 따라 하면서 직접투자를 할 수도 있지요.

가격

1주의 가격과 시가총액을 보기 편하게 우리 돈으로 환산하면 아래와 같습니다.

자산배분 ETF 주가 및 시가총액

이름	1주 가격	시가총액
AOK	44,000원	8,300억 원
AOM	49,000원	1조 4,800억 원
AOR	58,000원	1조 7,000억 원
AOA	69,000원	1조 2,200억 원

2020년 8월 19일 기준

전 세계에 상장된 자산배분 ETF 중에 상위에 이 4개가 모두 올라 있고, 규모나 거래량이 충분하니 큰 걱정 없이 매수할 수 있습니다. 1주의 가격도 10만 원이 넘지 않고요. 자산배분을 하고자 하는 분들 중에 "한국 시장에 기대를 못하겠어. 나는 글로벌 포트폴리오를 짜서 자산배분을 할 거야" 하는 분들에게 미국의 자산배분 ETF는 아주 유용합니다.

배당

이 ETF는 배당도 많이 줍니다. 정확히는 ETF니까 배당금이 아니라 분배금이라고 해야겠죠. 심지어 분기 배당이라서 1년에 4번 분배금이 나옵니다.

AOM의 2019년 배당을 보면 아래와 같습니다.

AOM 2019년 분배금

날짜	분배금
1월 4일	0.2519달러
4월 8일	0.2148달러
7월 9일	0.3395달러
10월 8일	0.2021달러
총금액	1.0083달러

2020년 8월 19일 기준

총금액이 1달러가 넘으니 대략 환율을 적용해보면 대략 1,100원이 넘는 배당을 받은 거죠. AOM이 1주에 5만 원도 안 되기 때문에 2%가 훌쩍 넘는 배당입니다.

이처럼 지구와달 전략을 구현하는 이 ETF 4종은 글로벌 자산배분이 되어 있고, 성향에 따라 종류를 선택할 수 있고, 리밸런싱도 알아서 해주고, 달러투자도 자동으로 되는 장점이 있습니다. 보수도 낮고, 배당도 많이 주고, 분기마다 주는 장점도 있고요. 자산배분 입문용으로 상당히 좋은 투자처입니다.

 AOK, AOM, AOR, AOA ETF 매수 방법

이 4개의 ETF는 미국시장에 상장된 역외ETF입니다. 이런 ETF는 해외주식을 매수하는 방법과 동일합니다. 해외주식 주문창에 해당 ETF의 이름을 검색하여 매수하면 됩니다.

한 번 배워서 평생 써먹는
박곰희투자법

초판 1쇄 2020년 12월 10일
초판 7쇄 2024년 4월 3일

지은이 | 박곰희(박동호)

발행인 | 문태진
본부장 | 서금선
책임편집 | 송현경   편집 1팀 | 한성수 유진영
디자인 | 디박스

기획편집팀 | 임은선 임선아 허문선 최지인 이준환 송은하 이은지 장서원 원지연
마케팅팀 | 김동준 이재성 박병국 문무현 김윤희 김은지 이지현 조용환 전지혜
디자인팀 | 김현철 손성규   저작권팀 | 정선주
경영지원팀 | 노강희 윤현성 정헌준 조샘 이지연 조희연 김기현
강연팀 | 장진항 조은빛 신유리 김수연

펴낸곳 | ㈜인플루엔셜
출판신고 | 2012년 5월 18일 제300-2012-1043호
주소 | (06619) 서울특별시 서초구 서초대로 398 BnK디지털타워 11층
전화 | 02)720-1034(기획편집) 02)720-1027(마케팅) 02)720-1042(강연섭외)
팩스 | 02)720-1043   전자우편 | books@influential.co.kr
홈페이지 | www.influential.co.kr

ⓒ 박동호, 2020
ISBN 979-11-91056-33-4 (03320)